니체의
『안티크리스트』
읽기

세창명저산책 109

니체의
『안티크리스트』
읽기

초판 1쇄 발행 2025년 2월 25일

—

지은이 신호재

펴낸이 이방원

기획위원 원당희

책임편집 조성규   **책임디자인** 박혜옥

마케팅 최성수 · 김 준   **경영지원** 이병은

—

펴낸곳 세창미디어

신고번호 제2013-000003호 주소 03736 서울특별시 서대문구 경기대로 58 경기빌딩 602호

전화 02-723-8660 팩스 02-720-4579 이메일 edit@sechangpub.co.kr 홈페이지 http://www.sechangpub.co.kr

블로그 blog.naver.com/scpc1992 페이스북 fb.me/Sechangofficial 인스타그램 @sechang_official

—

ISBN 978-89-5586-840-1 02160

ⓒ 신호재, 2025

세창명저산책

니체의
『안티크리스트』
읽기

FRIEDRICH WILHELM NIETZSCHE

109

신호재 지음

세창미디어
MEDIA

風迅鳶騰

매서운 바람에 더욱 높이 날아오르는 연처럼

사랑하는 딸이 밝고 건강하게 자라

거센 저항을 딛고 진정한 자유를 누리길 바라며

머리말

이 책은 니체Friedrich Nietzsche, 1844-1900가 쓴 『안티크리스트 *Der Antichrist*』에 대한 입문이다. 이미 시중에는 니체에 관한 책이 부지기수이며, 그중에는 권위 있는 니체 전문가의 탁월한 해설도 너무나 많다. 하지만 책은 대상으로 삼는 독자층이 있게 마련이다. 학술서는 전공자나 연구자를 위한 것이지만, 입문서는 학생이나 대중을 위한 것이다. 물론 동일한 주제를 다루는 교양서라고 하더라도 독자를 고려하여 다양한 수준의 책을 펴내는 일이 가능하다. 즉 책이란 잠재적 독자를 누구로 설정하느냐에 따라 내용과 형식, 그리고 서술에서 다양한 변용이 가능하고 또 부단히 변주가 필요한 매체인 셈이다. 각계 각층의 관심과 수요에 맞추어 읽을 수 있는 다양한 권종이 존재한다는 것은, 한 사회가 지닌 정신문화의 층이 지닌 폭과 깊이를 보여 주는 단적인 지표이기도 하다.

이 책은 니체에 호기심이 생겨 설레는 마음으로 서가에서 『안티크리스트』라는 제목의 책을 집어 드는 학생과 대중을 겨냥하고 있다. 실제로 이 책을 쓰게 된 계기 역시 내가 대학에서 니체를 강의하고 있는 사정에 기인한다. 나는 〈삶과 종교〉라는 과목에서 그동안 가르쳐 왔던 내용을 짜임새를 갖추어 정리를 좀 해야겠다는 생각이 들었다. 또 이렇게 함으로써 학생들이 교재로 활용할 수 있다면, 여러모로 수업의 편의성이 증대되리라는 기대도 있었다. 요컨대 이 책은 내가 실제로 수업한 강의록에 기초하여 쓰인 니체 입문서다. 직접적으로는 교양으로 철학 과목을 수강하는 대학생 수준으로 독자를 상정하고 있지만, 니체 사상에 관심과 열의가 있는 대중도 읽어갈 수 있도록 최대한 쉽게 해설하는 것을 원칙으로 삼았다.

집필을 마치고 보니 정작 『안티크리스트』[1]보다 페이지가 늘어나 "배보다 배꼽이 더 큰 것"은 아닌지 염려가 든다. 분량만을 고려하면 독자가 차라리 니체의 작품에 직접 도전하는 게 나을지도 모른다는 생각이 든다. 그럼에도 나는 『안티크리

---

1   프리드리히 니체, 『안티크리스트』, 박찬국 옮김, 아카넷, 2013.

스트』를 먼저 읽은 사람의 자격으로, 니체를 처음 읽는 독자가 따라오기 쉽게 해설해 보았다. 솔직히 고백하면, 더 어렵고 정교하게 설명하는 것도 불가능하기는 하다. 왜냐하면 내가 강의하는 니체는, 어디까지나 내 수준에서 나의 관점으로 읽은 니체를 넘어설 수 없을 테니 말이다.

특히 이 책에는 내가 전공한 '현상학의 관점'이 은연중에 투영되어 있다. 니체를 현상학의 눈으로 독해한다는 것은 학술적 연구로도 적지 않은 의미가 있는 접근일 테지만, 책의 성격을 고려하여 이 점을 전면에 내세울 수는 없었다. 새롭게 시도하는 해석에 다소 무리가 없지 않을 줄 알지만, 그럼에도 나는 어디까지나 나만의 시각으로, 내가 이해하는 선에서 최대한 성실하게, 그리고 가능한 한 '현상학적 직관'에 따라 쉽게 풀어냈다고 생각한다.

『안티크리스트』를 해설하는 역할을 자임하였으니 저자로서 부득이 니체의 관점에 따라 ―요즈음 유행하는 표현으로 "니체에 빙의하여"― 서술하는 내용이 많겠으나, 그렇다고 독자는 내가 '반反그리스도'라는 니체의 과격하고 도발적인 입장에 전적으로 동조하는 것으로 오해하지는 않았으면 하는 바람이다. 니체의 통찰과 예리한 분석은 삶의 의미를 되새겨보고 인간에 대한 새로운 관점을 제공한다는 점에서 분명 배울 점이 있다. 하지만 다른 한편으로 보면 니체의 사상이 많은 한계와 위험성을 내포하고 있다는 것도 부인할 수 없다.

"스타가 되려면 '빠'가 있어야 하고, 슈퍼스타가 되려면 '빠'와 '까'가 함께 있어야 한다"는 말이 있다. 이것을 기준으로 삼으면, 강단은 물론 대중으로부터도 호불호가 극단적으로 갈리는 니체야말로 '스타'를 넘어선 '슈퍼스타'일지도 모르겠다. 하지만 '맹목적 열광'이나 '무조건적 혐오'가 아니라, 니체 철학의 한계와 의의 양면에 대한 균형 잡힌 고려를 통해서만 인생에 대한 새로운 전망과 교훈을 얻을 수 있다. 그런 취지에서 나는 이 책의 후반부에 비판적 문제 제기와 논평을 덧붙여 보았다. 이를 참고하여 독자가 자신의 삶과 여러 정치·사회·문화·심리 문제에 적용해 보면, 분명 거기서 얻는 시야의 확장과 깨달음이 있으리라 믿는다.

여담으로 니체와 관련한 개인적 감회를 언급하면, 25년 전 대학생 시절 처음 니체를 읽고 한때나마 그에게 열정적으로 빠져들었던 추억이 있다. 친구와 함께 니체를 독서한 후에는 마치 '디오니소스'가 되기라도 한 것처럼 밤늦게까지 술을 마시며 열띤 토론을 벌이기도 했었다. 또 『차라투스트라는 이렇게 말했다』에 등장하는 문장 "춤추는 별을 낳기 위해, 인간은 자신 안에 혼돈을 품어야 한다"에 몹시 감명받아, 몇 년간 SNS 프로필 상태 메시지에 '춤추는 별'을 적어 두기도 했었다. 이러한 맥락을 전혀 모르던 어떤 지인이 "어울리지 않게 춤바람이라도 났냐?"며 무안을 주었던 기억이 떠올라 지금도 피식 웃음이 나곤 하는데, 돌아보면 뭐 하나 제대로 알고서나 부렸던 허세인지 부끄럽기만 한 치기 어린 청춘의 단편이다.

대학원에서 본격적으로 현상학을 연구하며 니체와 어느 정도 거리를 두게 되었지만, 오랜 세월이 흐른 요즈음도 수업을 위해 『안티크리스트』의 책장을 넘기면 뭔가 마음속 심연으로부터 울컥 솟아오르는 울림과 에너지가 있다. 무엇보다 학생들에게 니체를 강의한다는 사실이 무색할 만큼, '위버멘쉬'가 되기는커녕 마지못해 하루하루 근근이 살아가는 내 모습을 보고 있노라면 한없는 자괴감이 밀려든다. 그런 점에서 니체가 비판하는 '데카당스'의 사례로 이 책에서 언급된 모든 내용은, 부끄럽지만 적지 않은 부분 나 자신의 체험에 기초하여 기술된 것임을 고백한다.

　그렇지만 최근 몇 년 연이은 불행과 질식할 듯한 불운에 시달리며, 건강마저 잃어 염세와 혐인의 늪에서 헤어나지 못하면서도, 자기 연민이나 도피적 위안에 기대지 말고 당당히 운명의 주인으로 거듭날 것을 촉구하는 니체의 사상은, 내게 다시 일어설 수 있는 '힘을 향한 의지'를 불어넣어 준다. 이처럼 삶의 가치를 되새기며 하루하루를 의미 있게 살아 내게 하는 동기를 부여하는 것만으로도, 모든 사람이 인생에 한 번쯤 니체를 읽어 볼 이유는 충분하리라 생각한다.

　아무쪼록 이 책이 "삶이란 무엇인가? 그래서 어떻게 살아갈 것인가?"를 고민하는 모든 이에게, 니체 철학의 진입장벽을 조금이나마 낮춰 주는 길잡이가 되기를 바란다.

차례

머리말   6

1장   니체의 『안티크리스트』에 대하여   15

2장   니체가 진단하는 문제의 원인과 비판   29

   1. 데카당스décadence   29

   2. 계보학   40

   3. 귀족의 도덕과 노예의 도덕   49

   4. 르상티망ressentiment   58

   5. 가치 전도Umwertung   70

   6. 현실도피   83

   7. 니힐리즘nihilism   90

   8. 죄의식   100

   9. 흡혈귀와 기생충   107

   10. 플라톤의 이성주의   119

   11. 칸트의 도덕철학   126

   12. 금욕주의   134

3장 니체가 제시하는 문제 극복의 대안   **145**

1. 선악의 저편   **145**

2. 힘을 향한 의지   **151**

3. 디오니소스적 긍정   **168**

4. 아모르파티 *amor fati*   **178**

5. 낙타   **187**

6. 사자   **193**

7. 아이   **197**

8. 위버멘쉬 *Übermensch*   **205**

9. 신은 죽었다   **210**

10. 거리의 파토스   **218**

11. 영원회귀   **232**

12. 예수의 복음   **237**

4장 니체 철학의 한계와 의의 및 삶을 위한 활용   **245**

1. 정의에 대한 외면과 현실 지배 질서의 맹목적 옹호   **246**

2. 힘에 대한 숭배로서의 극우 이데올로기와 전체주의   **251**

3. 삶을 억압하는 모든 이데올로기 비판을 위한 무기   **260**

4. 역사화와 관점주의의 한계: 절대적 진리에 대한 부정   **269**

5. 그래서, 그대는 어떻게 살 것인가?   **278**

더 읽어 볼 만한 글   **293**

1장

—

니체의『안티크리스트』에 대하여

니체라는 인물을 소개하는 데에는 굳이 지면을 할애하지 않으려고 한다. 인터넷만 검색하면 기본적인 정보를 충분히 얻을 수 있고, 이미 니체를 소개하는 책은 너무나도 많다. 그러니 상세한 개인사에 관해 알고 싶은 독자는 다른 책을 참고하기 바란다.

니체는 많은 작품을 남겼다. 이미 한국에서 간행된 전집만 두세 종이 되는 것만 보아도, 그가 남긴 저술이 얼마나 방대한지 짐작할 수 있다. 독자에게 가장 유명한 작품을 말해 보라고 하면 아마 십중팔구는『차라투스트라는 이렇게 말했다』

를 언급할 것이다. 그런데 나는 니체를 처음 읽어 보려는 사람에게 이 책을 절대로 권하지 않는다. 왜냐하면 현란한 비유와 함축적 상징이 중심이 되는 서술을 따라가기가 만만하지 않기 때문이다. 문학 작품으로서는 높이 평가할 수 있을지 모르겠으나, 단언컨대 이 책은 논리와 구조를 파악하기가 쉽지 않아 니체의 사상을 이해하는 데에 거의 도움이 되지 않는다. 그러한 까닭에 『차라투스트라는 이렇게 말했다』로 시작하는 것만큼은 간곡하게 말리고 싶다.

니체의 작품 중에서 단 세 권을 고르라면, 나는 『도덕의 계보』·『선악의 저편』·『안티크리스트』를 추천한다. 이 책들은 논문의 형식을 갖추고 있기에, 니체의 사상을 이해하는 데에 도움이 된다. 논문이라고 하니 독자들이 지레 겁을 먹거나 부담을 느낄 것 같은데, 여기서 논문은 단지 논리 구조를 갖추고 있는 서술을 지칭한다. 모름지기 사상이란 어느 정도 논리와 구조를 갖춘 서술을 통해서만 파악될 수 있다. 그런 점에서 비유와 상징이 난무하는 문학적 수사보다는, 차라리 말하려는 바가 분명히 드러나는 논설 형식의 위 책들이 니체 입문에 더욱 효과적인 것이다.

그런데 위의 세 권 중에서 다시 한 권만 꼽으라면, 나는 서슴없이 『안티크리스트』를 추천한다. 무엇보다 이 책이 지닌 장점은 분량이 짧다는 데 있다. 아무리 탁월한 고전이어도 두꺼운 책에는 선뜻 손이 가지 않는 것이 사실이다. 하지만 단순히 페이지가 적다는 이유만으로 이 책을 권하는 것은 아니다. 『안티크리스트』의 가장 큰 장점은 『도덕의 계보』·『선악의 저편』을 포함하여 다른 모든 작품을 관통하는 니체 철학의 핵심이 간결하게 압축되어 있다는 데에 있다. 그러니까 『안티크리스트』는 니체 사상의 골자이자 요체가 담긴 '다이제스트 판版'인 셈이다. 니체의 많은 작품 중에서 굳이 이 책을 소개하는 것은 바로 이러한 이유에서다.

물론 『안티크리스트』를 읽어 가는 데에 난관이 없는 것은 아니다. 다른 작품도 마찬가지이지만, 일반적으로 니체를 독서하는 데에는 상당한 어려움과 곤혹스러움이 따른다. 왜냐하면 어느 정도 논리 구조를 갖춘 서술이라고는 해도, 그가 비아냥거림과 조롱이 섞인 특유의 비꼬는 듯한 교묘한 문체를 사용하기 때문이다. 게다가 그의 어조는 과격할 정도로 신랄하다. 다시 말해 니체의 저술은 형식 측면에서 전형적으로 단정한 논술이 아니기 때문에, 문장의 행간과 이면의 맥락을 섬세하게 고려하지 않으면 오해를 초래할 여지가 다분하다. 더욱이 내용 측면에서 보더라도 정신문화의 정수이자 문명사회의 근간인 도덕과 종교를 신랄하게 비판하는 그의 사상은, 독실한 신앙을 가진 그리스도교인은 말할 것도 없고 전통과 도덕을 존중하는 비교적 건전한 상식을 가진 일반인에게조차 거부감을 불러일으킬 만큼 도발적이다.

그래서 『안티크리스트』를 강해하는 이 책을 쓰는 나조차도 그의 사상은 여간 부담스러운 것이 아니다. 왜냐하면 마치 내가 니체에 전적으로 동조하기라도 하는 것처럼 독자가 오해할 수 있기 때문이다. '안티크리스트'란 문자 그대로 '반反그리스도'라는 뜻이다. 주지하다시피 '그리스도'란 '기름 부음을 받은 자'로서 세상을 구원하는 '구세주', 즉 인류의 위대한 성인聖人 '예수Jesus'를 가리킨다. 따라서 『안티크리스트』를 해설하는 나로서는 예수를 믿는 전 세계의 그리스도교인을, 더욱이 비서구권치고는 교세가 만만치 않은 한국의 독실한 신자들을 잠재적인 적으로 돌리는 위험을 무릅쓰지 않을 수 없다. 철학 고전의 해설자로서 부득이 니체의 입장에 충실하게 논의를 전개할 수밖에 없는 사정임에도, 자칫하면 내가 '적敵그리스도' 또는 예수를 부정하는 '사탄'의 누명을 쓰고 '악마'로 몰려 거세게 비난받을 각오를 해야 하는 셈이다. 이렇게 곤혹스러운 '마녀사냥'을 피하기 위한 최소한의 보호장치로서, 나는 아래와 같은 점을 미리 언급해 두지 않을 수 없을 것 같다.

첫째, '안티크리스트'에 대한 해석이다. 학계의 전문가들 사이에서 논란의 여지가 있지만, 나는 니체가 거부하는 대상이 예수라는 인물이 아니라 제도 종교로서의 그리스도교라고 해석한다. 이러한 해석에 따르면 니체의 안티크리스트는 예수를 비방한 것이 아니라, 그리스도교 교회와 교리를 비판한 것이 된다. 그러니까 제도 종교로 확립된 이래 2,000여 년간 서양 정신문명의 토대가 된 그리스도교 교회가, 예수가 전한 복음의 참된 의미를 위배하는 잘못된 길을 걸어왔다고 문제를 제기하는 셈이다. 어떤 점에서 그러한지는 본문에서 상세히 서술하겠지만 만약 이러한 방향으로 『안티크리스트』를 읽는다면, 니체 철학은 오히려 예수의 진정한 가르침을 되새겨 보게끔 한다는 점에서 독실한 그리스도교인에게도 각성의 계기가 될 수 있다.

둘째, 그리스도교인과 성직자에 대한 니체의 기술에는 다분히 악의적인 면이 있다. 왜냐하면 교회도 교회 나름이듯이, 신자나 성직자도 사람 나름이니 말이다. 소위 '교회 다니는 사람church-going people' 또는 '하느님을 믿는 사람god-believer'이라고 해서 모두가 같은 방식으로 신앙생활을 하는 것도 아니고, 사제·목사에 대해서도 단지 직업이 성직자라고 하여 도매금으로 취급하는 것 역시 온당치 않은 일이다. 믿음을 지녔다고 하지만 무늬뿐인 '나일론 신자', 신앙은 버리지 않았으나 예배에는 나가지 않는 '냉담자冷淡者'가 있는 반면, 독실하더라도 비교적 온건한 입장을 가진 신자가 있고 매우 극단적인 '열성분자zealot'도 있다. 따라서 니체의 비판은 일의적 범주로 묶을 수 없는 그리스도교 신앙의 다양한 양상을 고려하지 않는다는 점에서 매우 거칠 뿐만 아니라 공정하지도 않다. 하지만 그렇다고 해서 니체의 관점이 무가치하다고 말할 수는 없다. 그리스도교를 표방하는 온갖 극단주의적 형태의 사이비·유사 종교를 염두에 두면서 『안티크리스트』를 읽어 간다면, 분명 그리스도교인에게도 자신의 신앙을 돌아보는 성찰의 기회를 제공할 수 있다.

셋째, 니체는 유럽인으로서 자신이 나고 자란 정신문화의 근간이 되는 종교인 그리스도교를 타깃으로 삼아 비판한다. 하지만 나는 『안티크리스트』를 그리스도교라는 특정 종교에 대한 비판으로 국한하여 읽기보다는, 오히려 유대교·이슬람교·불교·무속 등 다양한 종교에 두루 적용하여 보기를 권한다. 왜냐하면 니체가 비록 안티크리스트를 말하고 있기는 하지만, 그 주장이 궁극적으로는 여타의 모든 종교에도 똑같이 제기하는 비판이 될 수 있기 때문이다. 물론 각각의 종교 그나름의 고유한 특색이 있으니, 차이점을 무시하고 한데 묶어 비판하는 것이 온당하지 않을 수도 있다. 하지만 니체가 "나의 삶을 구원해 줄 초월적 존재에 기대겠다"는 일체의 사고방식, 그러니까 절대자에게 의존하는 모든 유형의 구원 사상을 근본적으로 거부하고 있다는 점에서, 안티크리스트는 종교 일반에 대한 비판으로 확장해도 무방할 것이다.

물론 우리가 니체의 견해에 전적으로 동의할 필요는 전혀 없으며, 수긍할지 거부할지는 어디까지나 독자의 몫이다. 하지만 이러한 판단을 내리기 위해서도 일단 니체가 무엇을 이야기하려는지를 정확하게 이해할 필요는 있다. 그러므로 위에서 언급한 점들을 염두에 두고 『안티크리스트』를 읽어 간다면, 독자는 다소나마 거부감을 덜고서 니체가 말하려는 바에 다가갈 수 있을 것이다. 니체의 의도가 그저 개인적 선호나 취향에 따라 특정 종교를 무턱대고 혐오하여 비난하는 데에 있는 것이 아니라면, 자신의 견해를 정당화하기 위한 그 나름의 근거와 논리는 있을 것이다. 하지만 그가 상정하는 그리스도교는 우리가 상식으로 이해하고 있는 그리스도교의 이미지와 상당히 배치되는 점이 많으며, 니체의 입장에는 거칠고 과격한 측면이 없지 않다. 따라서 우리는 그가 비판의 대상으로 삼는 그리스도교의 특정한 형태와 모습을 미리 정립하고 들어갈 필요가 있다.

앞에서 나를 방어하기 위한 최소한의 보호장치라고 하였으나, 이래저래 구차한 변명을 늘어놓은 셈이 되어 버렸는지도 모르겠다. 독자가 나를 오해하지 않았으면 하는 취지로 사족을 달았지만, 정작 이것은 '니체를 위한 변명'이기도 하다. 그런데 방어막이 필요한 대상이 또 있다. 바로 플라톤Platon과 칸트I. Kant다. 니체는 『안티크리스트』에서 비단 그리스도교만이 아니라 철학도 비판한다. 정확하게 말하면 플라톤의 '이성주의'에서 발원하여 칸트에서 정점에 이른 '도덕철학'을 비판하는 것이다. 그리스도교에 대한 비판이 불편한 것 못지않게, 서양철학사에 대한 비판 역시 과도하다고 느껴지는 점이 한둘이 아니다. 특히 니체는 칸트의 도덕철학을 극단적으로 혐오하며 조롱하고 있는데, 막상 해설을 시도하는 나조차도 수긍하기 어려운 점이 많다. 그래서 칸트에 대한 니체의 평가가 반드시 정당한 것은 아니라는 점에서, 한편으로는 니체의 비판을 걸러 들어야 하는 부분이 있고, 다른 한편으로는 일정 부분 칸트를 변호할 필요도 있는 것이다.

불현듯 니체의 『안티크리스트』를 일말의 오해도 없이 해설하는 것은 거의 불가능에 가깝지 않은가 하는 두려움이 밀려온다. 예수와 그리스도교를 비호해야 하고 플라톤과 칸트를 옹호해야 하며, 종교와 철학을 비판하는 니체를 두둔해야 할 뿐만 아니라 심지어 그러한 니체를 해설하는 나 자신마저 방어해야 하니, 유명 로펌의 승률 100%를 자랑하는 특급 변호사라도 변론의 전략을 짜기가 만만치 않은 사건이 되었다. 이처럼 여러 해명의 필요성을 제기한다는 것은, 니체 철학이 과연 이론적으로 정합적인 체계를 지니고 있는지에 대한 의구심을 불러일으키기도 한다.

하지만 내가 보기에 니체는 예리한 눈으로 분명 어떤 문제를 발견했고, "이성과 도덕이 진정으로 인간의 삶을 위한 것인가?"라는 근본적인 물음을 제기했다. 종교와 철학에 대한 비판이 니체 사상의 근간을 형성하고 있으니 이에 관한 분석을 아예 도외시할 수는 없겠지만, 나는 특정 종교와 특정 철학을 비판하는 맥락을 떠나 독자가 『안티크리스트』를 심리학의 관점으로 읽어 보는 것 또한 의미 있지 않을까 제안해 본다. 실제로 니체가 그리스도교 및 플라톤과 칸트를 비판하는 취지는, "그대는 어떠한 마음과 자세로 이 세상을 살아갈 것인가?"를 말하려는 데에 있기 때문이다.

오늘날 니체가 많은 인기를 누리는 이유는 대중들이 그가 남긴 '촌철살인의 격언'을 좋아하기 때문인 것으로 보인다. 그래서인지 니체와 관련한 책 중에는 그리스도교 비판을 아예 생략하고 있는 것도 많다. 하지만 전체적인 맥락을 알지 못한 채 그가 남긴 단편적 '아포리즘'에만 열광하는 것 또한 니체를 제대로 이해하는 것이라고 보기 어렵다. 호불호를 가리지 않고 더 많은 독자에게 호응을 얻기 위한 기획과 전략인지 모르겠으나, 종교계나 신자들의 비난을 모면하기 위해 니체의 사상을 의도적으로 축소하거나 누락하는 일은 정직한 자세라고 보기 어렵다. 그런 점에서 나는 적어도 내가 이해하는 범위 안에서만큼은, 반그리스도·적그리스도를 자처하는 니체를 가감 없이 그대로 보여 주려고 한다.

『안티크리스트』는 「서문」과 60여 개의 절로 이루어졌다. 하지만 이를 하나하나 강해하는 것은 효율적이지 못할 뿐만 아니라 니체 사상의 전체 윤곽을 파악하는 데에도 별로 도움이 되지 않는다. 따라서 나는 니체 철학의 큰 틀을 잡아 놓고, 선별한 몇 가지 중심 키워드를 목차로 삼아 논의를 전개할 것이다. 물론 여기서 제시되는 주요 개념이 오직 『안티크리스트』에만 등장한다고 말할 수는 없다. 하지만 엄밀성을 요구하는 학술적 연구가 아닌 바에야, 다른 작품과 차별화되는 『안티크리스트』만의 독창적인 내용이 있는지는 잘 모르겠다. 또 그러한 것이 없지 않다고 한들, 니체 사상의 큰 그림을 그리는 입문의 목적에 비추어 중요하다는 생각도 들지 않는다. 전반적으로 『안티크리스트』를 해설하는 데에 무게중심을 두었지만, 필요한 경우 니체의 다른 작품도 자유롭게 원용하였다는 점을 미리 밝혀 둔다.

이 책의 구성은 다음과 같다. 2장은 그리스도교와 서양철학에 대한 니체의 비판이며, 3장은 그러한 비판을 통해 니체가 제시하는 이상적인 삶의 모습이다. 즉 전자는 문제의 원인을 진단하는 것이고, 후자는 그에 대한 해결책과 대안을 제시하는 것이다. 4장은 니체 철학에 대한 비판적 평가로서, 그의 사상이 지닌 부정적 한계와 긍정적 의의를 함께 살펴볼 것이다. 아무래도 니체의 사상을 특정한 시선에 경도된 채 읽으면 독자가 위험한 길로 빠지게 될 우려가 있어서, 명암에 대한 균형 있는 고려가 필요하다고 생각했다. 이러한 비판적 고찰을 기초로, 나는 그것을 현대의 정치·사회·문화·심리 문제에 적용해 보았다. 모든 철학자의 사상이 그러하겠지만, 특히 니체를 단지 이론과 지식으로만 아는 것은 아무런 의미가 없다. 실제 우리의 삶에 적용해 볼 때에만, 그렇게 함으로써 인간과 삶에 대한 관점 및 자신의 존재 방식에 변혁을 가져올 때에만 『안티크리스트』를 읽는 가치가 있다. 그런 점에서 이 해설은 나의 주관적 해석이 담긴 사견에 불과하지만, 독자가 니체의 관점을 활용하여 세상을 살아가는 데에 이를 참고해 보길 바란다.

형식과 내용에서 문제가 적지 않음에도 불구하고 『안티크리스트』가 니체 사후 125년이 지난 오늘날에도 여전히 주목받는 철학의 고전으로 평가되는 까닭은, 그의 사상이 정신병원에서 생을 마감한 어느 미치광이의 헛소리로 치부할 수만은 없는, 그 나름의 논리 구조를 갖춘 명료한 메시지를 전달하고 있기 때문이다. 즉 니체는 탁월한 통찰로 인간 내면의 병리적 심리를 예리하게 해부함으로써 생명력 넘치는 건강한 삶의 모습을 제시하고, 또 그것으로 나아가기 위한 성장과 발전의 의지를 호소력 있게 촉구한다. 더불어 니체의 철학은 종교·도덕만이 아니라 정치·사회·문화 등 모든 종류의 이데올로기에 대한 이론적 비판의 무기를 제공함으로써, 삶의 개선과 현실의 변혁을 위한 실천적 동기와 방향을 제시해 준다. 어떤 점에서 그러한지 이제부터 본격적으로 알아보기로 하자.

2장

—

니체가 진단하는 문제의 원인과 비판

1. 데카당스décadence

아무리 위대한 역사적 인물이라 하더라도 보통 생몰년도 자체를 기억하는 경우는 드물다. 가령 근대 철학의 신기원을 열었다고 평가받는 데카르트R. Descartes가 언제 태어나 언제 죽었는지 정확한 연도를 외우고 있는 사람은 거의 없다. 전문 연구를 위해서는 그게 필요할지 모르나, 교양의 수준에서는 그가 생존했던 대략의 시대를 알아 두는 것만으로도 충분하기 때문이다. 즉 대중에게는 데카르트가 인류 지성사에서 이른바 '과학혁명'의 시기라고 불리는 17세기에 활약했다는 점이 중요할 뿐이다. 하지만 니체가 사망한 연도만큼은 특별히 주목할 필요가 있다. 왜냐하면 니체 철학의 관점 및 내용에 비추어, 그가 사망한 1900년이 매우 '상징적' 의미를 지니기 때문이다.

우리는 하루 중 태양이 떠오르기 직전이 가장 춥고 어둡다고 말한다. 과학적으로 보더라도 해가 떠오르기 직전의 새벽이 가장 어둡고 춥다. 그런데 역설적으로 가장 깊게 어둠이 드리운 시점이야말로, 어둠을 가르는 햇살이 찬란하게 밝아오기 시작하는 '여명黎明'의 순간이다. 시간의 스케일을 세기 단위로 확장하여 보자. 그러면 1900년은 20세기의 새로운 태양이 떠오르기 직전이자, 저물어 가는 19세기의 가장 깊고 어두운 밤이라고 생각해 볼 수 있다. 즉 니체라는 인물은 20세기의 '서광曙光'을 보지 못한 '최후의 19세기인'이다. 하지만 앞서 언급한 것처럼, 이러한 규정은 도래가 임박한 '새로운 세상을 지향했던 최초의 사람'이라는 상징성도 함축한다. 그러므로 니체의 철학과 사상을 정확하게 이해하기 위해서는, 그가 살았던 시대에 대한 니체 자신의 문명사적 진단과 더불어, 그가 맞이하기를 간절히 염원했던 새로운 세상과 혁신된 인류에 대한 전망을 연계하여 고찰할 필요가 있다.

19세기 유럽은 민족국가를 단위로 한 국제질서의 재편과 제국주의의 식민지쟁탈이 치열한 경쟁으로 치달으며, 경제적으로는 산업혁명을 기초로 한 대량생산을 통해 자본주의가 고도로 발전하고 있었다. 정치적·사회적으로는 시민계급의 성장과 함께 민주주의가 발전하였으며, 지성사의 관점에서는 17세기 과학혁명과 18세기 계몽주의를 기반으로 인간의 이성과 합리성을 신뢰하며 역사의 무한한 발전을 전망하는 낙관주의가 주류를 이루었다.

그러나 다른 한편에서는 희망적인 모습 이면에 드리운 부정적 측면에 주목하는 흐름도 점점 고조되어 가고 있었다. 계몽주의에 대한 반동으로 출현한 낭만주의는 인간의 이성을 맹신하는 사고방식을 비판하면서 발전 사관에 대해 의문을 제기하였다. 이성보다 감정·의지를 중시하는 움직임과 더불어, 미래에 대한 긍정적 측면보다는 부정적 측면에 주목하는 염세적·비관적 정서 또한 확산되어 갔던 것이다. 19세기의 이러한 경향을 우리는 '세기말적 분위기'라는 말로 집약할 수 있다. 인류의 역사가 정점을 찍고 몰락하고 있다고 말했던 슈펭글러^{O. Spengler}, 인간의 이성보다 감정과 의지를 중시했던 쇼펜하우어^{A. Schopenhauer}, 헤겔^{G. W. F. Hegel}에 맞서 실존주의를 주창했던 키르케고르^{S. Kierkegaard} 등은 모두 이성 중심주의에 대한 비판이라는 경향을 대표하는 인물들이었다. 비록 이들이 활약했던 분야와 이끌어 낸 통찰은 서로 다르지만, 그럼에도 큰 틀에서 이들의 사상을 하나로 묶어 준 끈은 바로 장밋빛 미래를 낙관하고 있던 이성주의에 대한 반작용, 즉 '반이성주의'였던 것이다.

이러한 사상적 흐름이 심화되고 있던 데에는 19세기 사회의 문화적 배경도 크게 작용하였다. 당시 영국은 엄격하다 싶을 정도로 도덕 규범을 강조하며 보수적인 색채를 띠는 소위 '빅토리아 시대'였다. 사회적·경제적 지위에 따른 체면과 예법을 중시하며 전통적 종교관·도덕관에 충실할 것을 강조하고, 자연스러운 감정과 욕망을 절제하고 억압하는 문화가 만연하였던 것이다. 그런데 이것은 비단 영국에만 국한되었던 현상은 아니었다. 정도와 방식에서 차이는 있었지만, 당대 유럽 정신문화의 중심이라고 불렸던 오스트리아·헝가리제국의 수도 빈Wien 역시 예외가 아니었다. 프로이트S. Freud는 정신분석학을 통해 무의식을 발견하고, 온갖 감정의 찌꺼기와 욕망의 배설물이 해소되지 못한 채 뒤틀려 있는 병리적 존재로서의 인간에 주목했다.

한편 마르크스K. Marx는 화려한 경제적 번영 이면에서 억압으로 신음하는 노동착취의 현실을 폭로하고, 자본주의 사회의 구조적 모순을 고발했다. 이처럼 이성의 정점에 이르렀다고 자부하는 서양 문명이 오히려 질병에 걸렸다고 진단한 것은 당대 여러 비판적 지식인이 공유하는 문제의식이었다. 니체 역시 예민한 후각으로 19세기 유럽 문명이 골수까지 병들었다고 진단하는데, 위에서 언급한 철학자나 사상가와 달리 도덕과 종교를 비판의 대상으로 겨냥하고 있다는 점에 그 특징이 있다.

주지하다시피 도덕은 인간이 더불어 살아가기 위한 사회화의 핵심이며 모든 정신문화의 기초로서 역할을 한다. 종교 역시 실의에 빠진 사람들의 슬픔과 고통을 치유하며 삶의 위안과 마음의 안식을 제공한다는 점에서 긍정적인 기능을 하는 것으로 여겨진다. 도덕과 종교는 별개가 아니라 정신문화의 근간이라는 점에서 서로 긴밀하게 연결되어 있다. 왜냐하면 종교가 선과 악을 구분하고 죄에 대한 벌을 규정하는 데에서 일정 부분 도덕적 가치판단을 전제하기 때문이다. 즉 도덕이 곧 그 자체로 종교는 아니지만, 종교적 믿음을 구성하는 주요 부분은 도덕적 가치판단으로 이루어져 있는 것이다. 도덕은 "이런 상황에서는 반드시 이렇게 해야 한다"거나 "저런 상황에서는 절대로 저렇게 하지 말아야 한다"와 같이 구체적인 행위를 지시 명령하는 규범의 형태로 표현된다. 이러한 도덕 규범을 배움으로써 인간은 바람직한 윤리관을 갖춘 사회적 존재가 되는 것이다.

요즈음에는 전통적으로 강조해 오던 도덕교육이 무시되고 있어서 윤리의식의 저하는 말할 것도 없고 기본적인 예절조차 제대로 지켜지지 않는다는 점이 커다란 사회문제로 지적되고 있다. 하지만 반대로 도덕관념의 내면화가 너무나도 철저하게 이루어지면 어떻게 될까? 선·악 및 죄·벌의 관념을 지나치게 강조하는 경우 과도한 자기검열이나 죄의식으로 자연스러운 본능과 욕구를 억압하게 되지 않을까? 더욱이 그러한 도덕관념이 훈육이나 세뇌를 통해 외부에서 주입되고 강제된다면 어떻게 될까? 명랑하게 뛰노는 생기 넘치는 어린이가 아니라, 어른에게 혼나지 않기 위해 의기소침해 있고 주눅이 들어 눈치를 보면서, 야단맞지 않게끔 행동하고 있는지 아닌지를 스스로 검열하며 신경쇠약과 무기력에 빠져 어떠한 행동도 자신감 있게 하지 못하는, 말하자면 생명력이 고갈된 '애늙은이'가 되지 않을까?

앞서 체면과 도덕을 중시하는 빅토리아 시대의 문화를 유럽적 현상으로 언급하였는데, 나는 이러한 모습을 한국의 역사에서도 찾아볼 수 있다고 생각한다. 많이 희석되어 가고 있다고는 해도 우리 한국인은 유교 문화를 내면화하고 있다. 조선 중기 이후 '교조화된 성리학'은 엄격한 신분 질서와 유교적 예법을 강요함으로써 일반 백성의 삶 일거수일투족을 규제하며 감시하고 처벌하기까지 했다. 법·제도·도덕과 같은 상부구조가 삶의 자연스러운 표현이자 반영이었다기보다는, 그 이념과 형식이 하부구조와 괴리되는 것을 넘어 오히려 본능과 감정을 억압하기까지 하는 병리적 상태로 치달았던 것이다. 이와 마찬가지로 유럽에서도, 선·악 그리고 죄·벌이라는 관념에 기초한 도덕과 종교가 지나치게 강조되고 그것이 자연스러운 삶을 옥죄는 굴레로 작용하면서, 과도한 자기검열이나 죄의식의 내면화로 자연스러운 감정·본능·욕구를 억압하는 '형이상학적 이데올로기'가 되고 말았다.

니체는 이러한 상황을 개인의 특수한 문제가 아니라 유럽이 처한 세기말의 병리적 징후로 보았다. 빛이 강할수록 어둠의 그림자도 짙게 드리우듯이, 찬란하게 빛나는 이성 위에서 수립된 도덕과 종교가 정점에 도달한 19세기에 오히려 니체는 인간의 내면에 도사리고 있는 음침하고 병리적인 측면에 주목했다. 종교와 도덕의 노예가 된 현대인은 본연의 생명력과 자유로운 본능을 제약당하고 성장의 잠재력을 상실한 채, 외부 통제에 길들여지고 내면이 억압되어 있는 무력하고 창백하고 병든 존재로 전락하고 말았다는 것이다.

니체에 따르면, 이러한 질병의 뿌리는 바로 플라톤 이래 이성주의가 정점에 이른 칸트의 도덕철학과, 중세 이래 서양의 정신문화를 지배하고 있던 종교인 그리스도교였다. 즉 니체는 서양 문명을 지탱하는 두 기둥인 이성주의 철학과 그리스도교를 유럽의 정신문화를 병들게 만든 원흉으로 규정하며 탄핵했던 것이다.

문명사적 차원에서 위와 같은 병리적 현상을 지칭하기 위해 니체는 "데카당스décadence"라는 개념을 사용한다. 데카당스란 문자 그대로 '아래로de, down' '떨어진다cadere, fall'는 뜻이다. 하강·하락·추락·쇠락·몰락·쇠퇴·퇴보 등의 다양한 번역이 가능하겠지만, 나는 이러한 의미를 아울러 그냥 '데카당스'로 옮기기로 하겠다. 다시 말해 데카당스란, 문자 그대로만 읽으면 인류의 역사가 정점에 이른 후 기울어 쇠퇴해 간다는 뜻이지만, 더 근본적으로는 도덕과 종교에 의해 인류 자체가 성장의 잠재력을 상실한 채 창백하고 무기력하고 왜소한 존재, 즉 도덕과 종교의 노예로 전락하고 말았다는 부정적인 의미를 지닌다.

그런데 중요한 것은 이러한 인간 존재의 쇠망이 19세기에 이르러 비로소 발현된 것이 아니라는 점이다. 다시 말해서, 도덕과 종교의 노예가 되어 인류가 삶의 활력을 상실한 채 무기력하고 창백한 존재로 전락하는 병리적 현상이, 현대라는 특수한 시기에만 국한된 문제는 아니라는 것이다. 니체에 따르면, 서양 정신문명의 전 과정이 인간 존재의 가능성이 박탈되어 온 쇠락 일변도의 역사였다. 2,500년 전 고대 그리스에서 발원한 철학의 전개 과정과 그리스도교가 지배적 종교로 확립된 이래 지난 2천 년의 서양 역사 전체가, 발전과 진보의 과정이기는커녕 오히려 인류가 진정한 잠재력을 상실해 온 퇴보와 몰락의 과정이었다는 것이다. 이러한 데카당스의 과정을 예비하고 추동하는 서양 정신문명의 배후에는 형이상학으로서의 '허무주의', 즉 '니힐리즘'이 도사리고 있다는 것이 니체의 진단이다. 이를 도식으로 표현하면 다음과 같다.

위와 같은 니체 철학의 기본 관점은 일반인의 통념을 거스른다는 점에서 '파격적'일 뿐만 아니라 매우 '반상식적'이며, 어떤 점에서는 '망상적'이기까지 하다. 2천 년 이상 발전해 온 서양 문명이 뼛속까지 병들어 있다는 진단도 과감하리만치 '도발적'이지만, 그 배후에 있는 도덕과 종교를 낱낱이 해부하여 질병의 원인을 밝히고 치료 방법을 제안하는 사명을 띤 선구자임을 자처한다는 것 역시 미치광이의 헛소리라는 평가를 받기 십상이다. 하지만 니체의 사상을 정확하게 파악하기 위해서, 우리는 다음의 두 가지를 생각해 보아야만 한다.

①데카당스: 인간은 존재 가능성이라는 관점에서 생명력을 상실한 채 퇴보하고 있는가?
②니힐리즘: 만약 그렇다면 인간을 그렇게 만든 원흉이 도덕과 종교라는 분석은 타당한가?

이 중에서 ①에 동의하지 않으면 ②는 아무런 의미가 없다. 후자는 결과가 되는 전자의 원인으로서만 의미가 있기 때문이다. 그러니까 일단 ①을 인정하지 않으면 우리는 니체의

『안티크리스트』를 읽을 이유가 없다. 진심으로 찬동할 수는 없다고 하더라도 잠정적으로나마 판단을 유보한 채 그의 주장에 수긍하지 않으면, 우리는 니체의 『안티크리스트』로부터 아무것도 배울 수 없는 것이다. 그러므로 불편하고 내키지 않더라도 우선은 ①데카당스라는 진단이 일리가 있다고 가정하고, 그 발생적 원인이 되는 ②니힐리즘에 대한 분석이 타당한지 따져 보아야만 할 것이다. 그렇다면 니체는 어떠한 논리를 통해 도덕과 종교를 탄핵하는 자신의 주장을 정당화하는가? 이를 위해서는 니체가 원용하는 방법인 '계보학'을 고찰해야만 한다.

2. 계보학

앞서 나는 종교가 지닌 양면성, 즉 긍정적 측면과 부정적 측면을 균형 있게 다루려고 했다. 비록 니체가 종교의 부정적인 면만 강조하며 종교를 신랄하게 비판하고 있지만, 그의 입장이 객관적이고 공정한지는 의문이 아닐 수 없다. 왜냐하면 종교에도 긍정적인 면이 없지 않을 테니 말이다. 개인적으로 나는 그리스도교 신앙을 가지고 있지 않으나, 그럼에도 그리스도교에 대한 니체의 비판이 일면적이고 편협하다고 여긴다. 니체가 자신의 관점을 정당화하기 위해 다분히 악의적으로 곡해한 점이 많다고 생각하는 것이다. 하지만 니체로부터 무언가 배워 보기로 마음먹고 『안티크리스트』를 펼쳐 들었다면, 일단은 그의 논리를 최대한 정확하게 이해하려는 노력이 중요하다. 니체에 대한 평가는 나중에 다시 하더라도, 우선은 니체가 말하려는 바에 성실히 귀 기울일 필요가 있는 것이다.

니체 철학의 핵심은 이른바 종교의 긍정적 기능, 즉 종교가 제공하는 삶의 위안과 마음의 안식이 실상 인간의 삶을 병들게 하는 교활하고 기만적인 술책에 지나지 않는다는 점을 지적하고 비판하는 데에 있다. 그러니까 니체는 종교가 삶의 위안과 마음의 인식을 가져다주기는커녕, 인간이 본연의 삶을 살지 못하도록 방해하고 억압할 뿐이라는 입장이다. 마르크스가 『헤겔 법철학 비판』에서 "종교는 인민의 아편"이라고 신랄하게 폄훼한 바 있는데, 니체 역시 종교라는 것을 마음에 거짓 위로를 제공함으로써 삶의 고통을 잠시나마 잊게 만드는 한낱 '마약성 진통제'에 불과하다고 평가절하한다.

니체는 자신의 견해를 정당화하기 위해 "계보학系譜學, genealogy"이라는 방법을 사용한다. 계보학이란 문제가 되는 현상의 발생적 기원을 역으로 추적해 들어가는 탐구의 방법이다. 이미 알고 있는 것처럼, 누가 누구를 낳았고 그가 또 누구를 낳았는지를 기록한 것을 '족보' 또는 '계보'라고 부른다. 그런데 니체가 말하는 것은 족보나 계보와는 다르다. 왜냐하면 계보학은 기원을 추적하되 단순히 시간적 흐름을 거슬러 객관적으로 기술하는 연대기가 아니기 때문이다. 그러니까 아버지가 누구고 할아버지가 누구며 그래서 내가 누구를 시조로 하는 무슨 가문 무슨 계파의 몇 대 손이라는 사실을 확인하는 일은, 단순히 족보를 기록·정리하는 작업에 불과하지 계보학이 아닌 셈이다.

오히려 철학적 탐구의 한 방법으로서의 계보학은, 무엇이 누구의 의도에 의해 발생했고 또 거기에 누구의 욕망과 어떠한 의지가 작용하여, 변형된 형태로 오늘날의 모습에 이르게 되었는지를 역추적하여 재구성하는 작업이다. 요컨대 니체의 저술 제목이기도 한『도덕의 계보학』은, 도덕 규범이나 종교적 가치가 그 자체로 당연하고 자명한 진리가 아니라, 누군가의 음모와 기획과 더불어 은밀한 이익을 관철하기 위한 힘의 작용에 의해 조작되고 선전되는 것에 불과하다는 점을 낱낱이 폭로하는 수단이다. 즉 애초에 일어났던 사건이, 누구의 의지가 개입·작용하여 어떠한 역사적 변형의 과정을 통해 왜곡·날조되고 어떻게 진리로 탈바꿈하게 되었는지를 들추어냄으로써, 그것을 비판적으로 해체하는 데에 초점이 맞추어져 있는 것이다. 데카르트가 '방법적 회의methodical doubt'를 통해 불확실한 지식을 배제하면서 '생각하는 나cogito, 코기토'라는 '절대적 진리'에 도달했다면, 니체는 이른바 '계보학적 회의 genealogical doubt'를 통해 종교라는 가상에서 벗어나 '삶의 진실'에 이르고자 하는 것이다.

그러니까 니체에 따르면, 도덕이 부과하는 규범과 종교가 가르치는 교리는 그 자체로 '참'이 아니다. 오히려 그것은 누군가의 기획과 의도 속에서 그것이 참이 되어야만 할 필요가 있어서 참으로 만들어졌을 뿐이다. 다시 말해 '진리'라고 불리는 것은 특정한 이해관계를 가진 누군가에 의해 창작되었다. 그렇기에 맑은 정신을 유지한 채 두 눈을 부릅뜨고 예의 주시하지 않으면, 우리는 누군가가 은밀하게 자신의 이익을 관철하기 위해 가공해 놓은 것을 그 자체로 옳은 진리라고 무비판적으로 받아들일 위험에 빠질 수 있다. 요즈음 유행하는 표현을 빌리자면, 니체는 이른바 종교에 의한 '가스라이팅'의 위험성을 경고하는 것과 같다. 그런 점에서 계보학은 깊이 빠져든 망상·환각·가상·꿈에서 깨어나도록 하는 일종의 각성제 역할을 하는 셈이다.

영화 〈매트릭스*Matrix*〉에는 고통스럽지만 있는 그대로의 현실을 직시하게끔 해 주는 '빨간 약'과, 시뮬레이션 안에서 꿈을 꾸면서 영원히 안락을 누릴 수 있도록 하는 '파란 약'이 등장하는 장면이 있다. 이에 빗대면, 니체는 계보학이라는 '빨간 약'을 통해서 종교라는 '파란 약'을 단호히 거부하라고 강력하게 촉구하고 있는 것이다. 그러면 니체가 종교를 '파란 약'으로 규정했다고 말하는 까닭은 무엇인가? 이 물음에 답하기 위해서는 꽤 긴 호흡을 따라서 차근차근 단계를 이행하는 상세한 해명이 필요하지만, 일단 이 책에서 나는 니체 철학의 핵심 내용만 추려 과감히 단순화함으로써 독자가 『안티크리스트』에 대한 전체 윤곽, 이른바 큰 그림을 그리는 데에만 초점을 맞추도록 하겠다.

단적으로 니체는 그리스도교에 다음과 같은 문제를 제기한다. 그리스도교는 "인간은 원죄를 지니고 태어난 죄인"이라고 가르친다. 모든 인간이 태어나면서부터 죄인이라는 교리를 인정하지 않으면 원리상 교인이 될 수 없다. 왜냐하면 그것이 예수의 대속을 통한 인류 구원의 대전제이기 때문이다. 하지만 이 세상에 갓 나온 신생아가 죄가 무엇인지 알 턱이 만무하다. 백번 양보하여 최소한의 인지 능력이 없지 않다고 한들, 죄를 지을 행위 능력까지 있는지는 의문이 아닐 수 없다. 그러나 원죄라는 개념은 그리스도교의 교리 전체를 떠받치는 대전제이기 때문에, 지금 분만실에서 세상의 빛을 처음 보는 신생아도 죄인으로 단정하지 않으면 안 된다. 다시 말해 인간이 죄를 지었다는 사실로 인해 죄인이 되는 것이 아니라, 죄인이 되지 않으면 안 되는 어떤 교리상의 목적과 필요 때문에 신생아에게마저도 영원한 죄인이라는 낙인을 찍어야만 하는 것이다. 이것은 선후관계와 인과관계를 전도시킨다는 점에서 상식에 반하는 오류를 범하는 것 아닌가?

　　또 『성경』의 복음서에는 이런 구절이 등장한다. "마음이 가난한 자에게는 복이 있다." 이러한 말도 아리송하기는 마찬가지다. 될 수 있으면 살아가면서 괴롭고 슬프고 힘든 일을 겪지 않고 싶은 것이 인지상정이거늘, 마음이 괴롭고 슬프고 힘든 것이 오히려 복을 받을 자격이라니, 이 무슨 얼토당토않은 궤변이란 말인가? 물론 애써 좋게 해석하면 다음과 같은 취지에서일 것이다. "고통과 슬픔, 그리고 외로움을 겪고 있는 사람을 하느님은 더욱 사랑하시니, 믿음을 버리지 말고 시험의 목적과 고난의 의미를 잘 새기면서 순종하면 반드시 하느님께서 복을 내리실 것이다." 위로와 격려라는 취지의 말이라고는 해도, 그렇다고 복을 받기 위해 기꺼이 괴로움과 외로움을 선택할 사람은 드물거나 거의 없지 않을까? "젊어서 고생은 사서도 한다"는 격언도 있지만 "고생을 안 할 수만 있다면, 굳이 왜?"라는 마음이 드는 것도 사실이다. 나중에 받을지 안 받을지도 모르는 불확실한 복을 아예 받지 않아도 좋으니, 애당초 위로받을 필요가 없는 처지에 놓이고 싶은 것이 당연지사 아닌가?

"부자가 죽어서 천국에 가기는 낙타가 바늘구멍 통과하기보다 어렵다"는 교회의 설교도 수긍하기 어려운 것은 마찬가지다. 되도록 경제적 곤란과 궁핍 없이 살고 싶은 것이 인간의 자연스러운 본능이다. 주위 사람에게, 아니 멀리 갈 것도 없이 가슴에 손을 얹고 자신에게 물어보자. 인생을 가난과 궁핍이라는 경제적 곤란 속에서 살기 원하는 사람이 있는가? 물론 돈이 전부가 아니라고 말하는 사람도 있고, 물질적 부를 인생의 유일한 목표로 삼는 태도가 바람직하지 않다고 생각하는 사람도 많다. 하지만 그렇다고 해서 궁핍을 기꺼이 자처하지는 않는다. 왜냐하면 돈이 있다고 반드시 행복해지는 것은 아니지만, 돈이 없으면 매우 높은 확률로 불행한 처지에 놓이게 되는 것이 명백하기 때문이다. 심지어 독실하고 경건한 신앙생활로 존경을 받는 어느 종교의 한 성직자조차도 "가난할수록 행복하다는 말은 거짓"이라고 고백한다.[2] 즉 영혼과 정신의 내면이 육체나 외부의 물질적 조건보다 더 중요하고 값지다거나 "소유에 집착하지 말라(無所有)"는 비유적 의미로 이해하려 해도, 경제적 여유나 부의 추구를 그 자체로 죄악시하는 것은 과도한 것 아니냐는 의문만 커지는 것이다.

---

2 「가난할수록 행복하다는 말은 거짓」, 매일경제, 24년 1월 15일(https://www.mk.co.kr/news/culture/10921491)

위와 같은 이유에서 니체는 그리스도교 교리 배후에 인간과 삶에 대한 자연스러운 상식과 솔직담백한 직관을 위배하는, 무언가 꼬이고 뒤틀린 심사가 작동하고 있다고 지적한다. 신앙심이 깊은 교인이라면 한낱 보잘것없는 인간의 유한한 능력으로는 차마 다 헤아릴 수 없는 절대자 하느님의 신비가 이러한 역설과 모순에 깃들어 있다고 할 수도 있다. 하지만 니체는 예민한 후각으로 "여기에서 고약한 냄새가 난다! 뭔가 잘못되어 있는 것은 아닌가?"라는 병리적 징후를 읽어 낸다. 그리고 철저한 비판 정신으로 무장한 자신의 안내에 따라 함께 계보학적 탐구를 수행해 보자고 권한다. 그리스도교가 출현한 발생 과정을 추적해 봄으로써, 어디에서 누구에 의해 무엇이 잘못되었기에 상식에 비추어 선뜻 납득할 수 없는 위와 같은 교리가 자명한 진리로 선전되고 있는지, 그 기원을 샅샅이 들추어 파헤쳐 보자는 것이다.

니체가 말하려는 바가 신학이 밝혀 놓은 그리스도교의 역사에 정확히 부합하는가는 그다지 중요한 문제가 아니다. 물론 니체의 철학을 신학의 성과와 비교하는 연구는 오래전부터 있어 왔다. 다만 내가 여기서 강조하고 싶은 것은, 설령 니체가 신학적 논의와 상당히 배치되는 주장을 하더라도, 이것이 니체 철학의 결함을 입증하는 것은 전혀 아니라는 점이다. 왜냐하면 계보학은 역사적 사실에 대한 객관적·연대기적 서술이 아니라 '물음을 제기하는 관점'이자 '문제를 재구성하는 방법'이며, 형이상학과 이데올로기의 '해체와 비판을 위한 전략적 수단'이기 때문이다. 니체가 자신의 철학을 가리켜 "망치를 든 철학" 또는 "메스를 든 철학"으로 규정하는 것은 바로 이러한 이유에서다. 건축사가 외관이 멀쩡해 보이는 건물에 은폐된 하자와 구조적 결함을 적발해 내듯, 외과 의사가 겉으로는 건강해 보이지만 죽어 가고 있는 환자의 암 조직을 도려내듯, 서양의 정신문명을 골수까지 병들게 한 원흉을 적발하여 치료하는 소임을 니체 자신이 맡겠다는 것이다.

3. 귀족의 도덕과 노예의 도덕

니체는 철학자이기 이전에 고전 문헌학자다. 자신의 학문 배경과 열의에서 비롯된 것인지는 모르겠으나, 니체는 고대 그리스·로마 문화에 대한 열렬한 동경과 더불어 중세 그리스도교에 대한 극도의 반감을 지니고 있다. 그러니까 니체는 서양의 정신문명이 병에 걸려 쇠락의 길로 접어든 기점이 바로 그리스도교가 제도 종교로 확립된 시기와 일치한다고 본다. 즉 고대 그리스·로마 문화에서 엿볼 수 있었던 탁월한 인간 삶의 모범이 중세 그리스도교의 지배와 더불어 모두 파괴되고 망가졌다는 것이다. 니체는 이것을 '귀족의 도덕'과 '노예의 도덕'으로 대비하여 설명한다.

"귀족의 도덕aristocratic morality"은 탁월함을 긍정한다. 여기서 말하는 '탁월함'은 복합적인 의미를 함축하는 가치 개념이다. 직관적으로 다음과 같은 사례를 들어 볼 수 있다. 강한 것은 약한 것보다 탁월하다. 사람들은 이기는 것을 좋아하지, 지는 것을 좋아하지 않는다. 겉으로는 승패에 연연하지 말고 최선을 다하는 것이 중요하다고 말하지만, 그럼에도 모두가 마음 속으로는 패배가 아니라 승리를 원한다. 경제적으로 넉넉하고 여유로운 것은 궁핍하고 절박한 것보다 탁월하다. 세상에 다양한 직업을 가진 사람이 있음에도, 모두가 공유할 수 있는 화제는 바로 먹고사는 문제다. 도대체 얼마를 기준으로 삼아야 충분하다고 말할 수 있는가는 사람마다 다르겠지만, 가능하면 모든 이들이 부자가 되고 싶어 하지 가난으로 내몰리고 싶어 하지는 않는다. 그런 점에서 돈이 많은 것은 돈이 없는 것에 비해 탁월하다.

외모가 수려하고 체격이 건장하고 건강한 삶을 사는 것은 추하고 왜소하고 병약한 것보다 탁월하다. 열심히 운동하여 만든 자신의 몸매를 기념하여 사진으로 남기는 '바디 프로필' 열풍을 생각해 보라. 젊음과 아름다움에 대한 사람들의 선망은 본능적이다. 간혹 성차별에 기초한 외모지상주의를 비판하면서 미인대회 개최가 부당하다고 주장하는 사람이 있다. 하지만 그러한 사람조차도 자신이 선호하는 이상형에 가까운 스타일은 가지고 있을 것이다. 건강함과 아름다움에 대한 대중의 열망은 당대 최고의 미모를 지닌 연예인이 출연하는 화장품·패션 광고만 봐도 알 수 있을 만큼 자연스럽다. 즉 누구나 조금이라도 더 젊게 보이고 아름다워지고 싶고 건강하게 살고 싶지, 아무도 병들거나 추하게 늙는 것을 원하지 않는다.

왜 인간은 끊임없이 무언가를 배우고 익히는가? 능력을 발휘하여 일을 잘하기 위해서다. 가능하면 능력을 인정받아 할 수 있는 한 높은 곳까지 올라가고 싶지, 평생 말단에 머물면서 무능력자 취급을 받고 싶은 사람은 없다. 따라서 직업이든 취미든 기술이든, 무엇인가를 잘하는 것은 그것을 못하는 것보다 탁월하다. 세계적인 스포츠 스타가 수백 억 연봉을 받는 것은 다른 이유가 있어서가 아니다. 경쟁하는 다른 선수보다 압도적으로 실력이 탁월하기 때문이다. 물론 모든 선수가 형편이 같지는 않을 것이다. 연봉을 받기는커녕 생계를 위해 알바를 병행하며 운동을 이어 가는 하부 리그의 선수가 있는 반면에, 세계 최고의 리그에서 부상자 명단에 이름을 올리고 벤치에 앉아 있기만 해도 몇 억의 주급을 버는 선수도 있으니 말이다.

축구를 '잘하는' 사람은 축구를 '잘 아는' 사람과도 다르다. 물론 축구를 잘하기 위해서라면 축구를 몰라서는 안 되겠지만, 양자가 반드시 일치하지는 않는다. 전자가 선수라면, 후자는 해설자에 가깝다. 하지만 축구를 잘 아는 해설자 중에서도 축구를 이론으로만 아는 사람과 실제로 말로 잘 풀어서 대중에게 전달하는 능력을 가진 사람이 나뉠 것이다. 그런 점에서 선수 중에서도 평범한 선수와 탁월한 선수가 있는 것처럼, 해설자 중에서도 평범한 해설자와 탁월한 해설자가 있다.

위와 같은 의미를 아우르는 탁월함은 고대 그리스·로마에서 '아레테^{arête}'나 '비르투스^{virtus}', 즉 '덕德'이라고 부른 것에 상응한다. 즉 무엇인가를 단지 잘 아는 것만으로는 충분하지 않고 나아가 그것을 실천으로 잘 옮길 수 있는 능력까지 지닌 사람이야말로 진정으로 덕을 가진 사람이다. 다시 말해 덕으로서의 탁월함은 단지 이론적 인식만이 아니라 실천적 행위를 통해 무엇인가를 '현실화하는 힘'까지 아울러서 지칭하는 '역량적' 개념이다.

니체에 따르면, 고대 그리스·로마 시대에 추앙받던 신들과 영웅들은 평범한 인간을 뛰어넘는 존재로서 모두 이처럼 탁월한 힘을 지녔기에 존경과 숭배를 받았으며, 이들은 인간이 지향해야 하는 삶의 모범을 제공했다. 제우스는 형제들과 함께 힘을 합쳐 타이탄과 같은 존재를 물리쳤으며, 이후 형제들과의 싸움에서도 승리하였기에 올림푸스의 권좌를 차지할 수 있었다. 그런데 최고의 권위에 수반하는 위풍당당함이 무색하게 한낱 인간 여인을 탐하여 짐승으로 모습을 바꾸어 하룻밤을 보내고, 이러한 일로 아내 헤라에게 미움을 사기도 한다. 또 여신들 간의 질투와 권력 다툼은 인간을 트로이전쟁과 같은 비극으로 내모는 원인이 된다. 신과 인간 그리고 반신반인·반인반수가 얽힌 대혼돈의 아수라장에서, 드디어 탁월한 힘을 지닌 존재가 출현한다. 곤란과 역경을 극복하고 문제를 해결함으로써 비로소 영웅이 등장하여 존경과 추앙을 받게 되는 것이다.

이처럼 그리스·로마 신화에 등장하는 신과 영웅은 육체와 의지를 지닌 존재로서, 욕구와 욕망을 솔직하게 추구하고 그 과정에서 다른 신과의 대립과 갈등 및 전쟁을 불사하기도 한다. 즉 이들은 그야말로 표정이 살아 있고 숨결이 느껴지고 역동적으로 행위하는 구체적인 존재로 그려진다. 여기에는 생명·본능·힘에 대한 긍정과 진솔함이 있으며 높음·고귀함·강인함·당당함·아름다움·넉넉함·즐거움·행복에 대한 순수한 추구가 탁월한 것으로 긍정된다. 이것은 힘을 추구함을 높이 평가함으로써 인간 삶에 모범이 되는 도덕적 가치를 제시한다는 말이다. 그러니까 고대 그리스·로마의 정신문화는 신과 영웅을 본받아 그들처럼 탁월하게 사는 것, 높은 곳에 이르는 것, 위대한 일을 해내는 것, 행복하게 잘 사는 것을 진정으로 덕이 있는 삶으로 평가했다. 니체는 이것을 '귀족의 도덕'이라고 부른다.

그런데 니체에 따르면, 그리스도교가 지배하는 중세에 이르러 이러한 도덕관이 완전히 뒤바뀌게 된다. 그리스도교는 유대교와 한 뿌리인데, 니체가 보기에 이 두 종교가 섬기는 신은 고대 그리스·로마의 신들과는 전혀 다르다. 먼저 유대교와 그리스도교의 신은 여럿이 아니라 '유일신'으로 존재한다. 전재·전지·전선·전능한 존재로 상정되는 '절대자'는 아무런 구체적 형상을 갖지 않는다. 우상숭배라고 하여 신의 모습을 물질이나 이미지로 구현하는 것이 불경한 것으로 금지되었기 때문이다. 그래서 '하느님'은 '어디에나' 있다고 하지만 정작 '어디에' 있는지 알 수 없고, '무엇이든' 할 수 있다고 하지만 결국 '아무것도' 하지 않는 것과 같은 추상적이고 의뭉스러운 존재로 남게 된다.

자신의 모습을 드러내지 않은 채 음침한 곳에 숨어 있는 하느님은, 언제인지 모를 최후의 심판의 날에야 비로소 등장하여 죄악에 물든 인간을 도덕적으로 처벌할 것이라고 한다. 무엇이든 알고 오로지 선하며 모든 것을 바로잡을 무한한 능력이 있는 절대적 존재가 왜 인간을 그 지경에 이르도록 방치하는지는 도무지 해소되지 않는 의문이다. 어쩌면 자신의 권위를 확인하기 위한 필요에서, 오히려 인간이 죄를 짓는 것을 방조하는 것은 아닌가 하는 의혹마저 든다. 도덕적으로 악에 물들었기에 그에 대한 대가로 가혹한 심판을 내리는 것이 아니라, 오히려 가공할 만한 자신의 위력을 과시하기 위해 일부러 인간이 죄를 짓도록 내버려두는 것이 아닌가 싶기도 한 것이다.

이처럼 유대교 전통의 유일신은 도덕적 심판의 절대적 권위를 지니는 무서운 존재이며, 따라서 유대교에 뿌리를 둔 그리스도교의 교리가 선·악 및 죄·벌에 기반하여 금욕과 순종적 태도를 요구하는 것은 자연스러운 귀결이다. 강한 자가 아니라 약한 자가, 반항하는 자가 아니라 순종하는 자가 오히려 하느님의 구원에 가까이 있다. 넉넉하고 여유로운 자가 아니라 가난하고 궁핍한 자가 오히려 천국에서 영락을 누릴 자격이 있다. 마음이 편안하고 즐거운 사람이 아니라 괴로움과 슬픔에 잠겨 고통받는 사람을 신은 더 사랑하신다. 왜냐하면 하느님의 시험인 괴로움과 슬픔을 겪는다는 것은 곧 신으로부터 사랑받을 자격이 있음을 의미하기 때문이다. 그래서 그리스도교에서는 언제나 비천한 자, 멸시받는 자, 고통을 겪는 자에 대한 연민과 자비와 온정을 강조한다. 그리고 높은 곳에 머무는 것, 존경받는 것, 기쁨을 누리는 것을 죄악시하고 절제와 금욕을 미덕으로 가르친다.

하지만 니체는, 비천·병약·빈곤·괴로움·슬픔·고통을 동정하고 사람들로 하여금 '어린 양'처럼 순종할 것을 강요하는 그리스도교의 교리가, 삶에 대한 직관과 상식에 완전히 상반되는 것을 가르친다고 말한다. 드높음·건강·부유함·즐거움·기쁨·아름다움·행복을 바라는 인간의 자연스러운 본능을 부정하고 억압하면서, 오히려 탁월함을 추구하는 삶을 죄악시한다는 것이다. 니체는 이것을 귀족의 도덕과 대비하여 "노예의 도덕slave morality"이라고 부르는데, 양자를 간략히 표로 대조하면 다음과 같다.

	귀족의 도덕	노예의 도덕
주도적인 시기	고대 그리스·로마 문화	중세 이래의 그리스도교
숭상하는 가치	고귀함, 강인함, 당당함, 아름다움, 넉넉함, 잘함, 긍지, 명예	비천함, 병약함, 가난함, 절박함, 괴로움, 슬픔, 연민, 동정
신에 대한 관념	육체와 의지를 지니고 있으며, 욕구와 욕망을 추구하는 과정에서 대립과 갈등도 불사하는, 표정이 살아 숨 쉬는 생명력 있는 다수의 존재	전재·전지·전선·전능한 유일하고 절대적인 존재로서 구체적인 형상이 없으며, 인간을 도덕적으로 심판하여 구원과 형벌을 내리는 존재
모범적인 삶의 태도	힘을 추구하며 역경을 극복하는 탁월한 존재인 신과 영웅의 삶 : 넘치는 생명력과 불굴의 의지	도덕적 선·악 및 죄·벌에 기반한 금욕주의와 순종적인 삶 : 믿음, 절제, 복종

4. 르상티망ressentiment

도대체 어떤 점에서 그리스도교의 '노예의 도덕'이 그리스·로마의 '귀족의 도덕'을 뒤바꾸어 놓은 것일까? 니체는 역사적 상황을 염두에 두면서 초기 그리스도교인의 심리에 대한 계보학적 분석에서 답을 찾는다.

주지하다시피 그리스도교가 로마제국의 국교로 선포된 것

은 상당히 나중의 일이다. 국교로 숭배되기는커녕 공인된 신앙의 한 형태로 허용되기까지도 매우 오랜 시간이 걸렸다. 로마제국의 황제 콘스탄티누스 1세가 313년 선포한 '밀라노 칙령'을 통해서야 비로소 정치적 탄압으로부터 자유로워졌으니, 예수 탄생 이후 300년 가까운 세월 동안 가혹한 박해에 시달렸던 셈이다. 〈벤허Ben-Hur〉나 〈쿼바디스Quo Vadis〉와 같은 영화에서도 볼 수 있는 것처럼, 예수의 제자 및 여러 사도를 비롯한 초기 그리스도교인은 로마에서 엄청난 핍박을 받았다.

　니체는 당시 그리스도교가 노예나 빈민과 같은 사회 최하층(찬달라)을 중심으로 호응을 얻어 널리 확산되었다는 역사적 사실을 지적하면서, 그들의 심리를 다음과 같이 재구성한다. "우리를 고통에서 구해 주실 예수 그리스도를 죽음으로 몰아간 너희 로마의 권력자들은 똑똑히 들어라. 우리가 비록 현실 세계에서는 이렇게 힘이 없어 가난과 억압 속에서 고통받고 신음할지라도, 죽은 다음 천국에서는 하느님 곁에서 영원한 영광을 누릴 것이다. 이생에서 승자를 자처하는 너희 로마의 지배자들에게 분명히 말하니, 이 찰나와 같이 덧없는 현실을 마음껏 즐겨라. 최후의 심판이 오면 우리가 천국에서 영락을 누릴 때, 너희가 영원한 지옥에서 불타는 모습을 보고 기꺼이 웃어 줄 것이다."

독자에게 전달이 잘 되었는지 모르겠으나 내 딴에는 섬뜩함이 느껴지는 뉘앙스로 각색을 해 보았는데, 요점을 말하자면 다음과 같다. 즉 "현실 세계의 승자는 사후 세계의 패자요, 현실 세계의 패자가 곧 사후 세계의 승자"라는 것이다. 비록 현실에서는 그리스도교가 로마라는 정치권력의 박해를 받아 신앙을 가진 사람들이 비참하게 살아가고 있지만, 현실에서 감내해야 하는 삶의 고난이 크고 가혹할수록 오히려 천국에 들어갈 정당한 자격을 얻는 것이요, 그리스도교를 핍박하는 로마의 지배자들이 비록 승자로 군림하고 있다고 하나, 실제로는 그들이 현실에서 누리고 있는 권력과 부가 모두 부질없는 것이자, 오히려 최후의 심판과 더불어 영원한 지옥 불로 인도하는 죄악에 불과하다는 것이다.

위와 같은 이유에서 니체는 그리스도교가 '사랑의 종교'가 아니라 '원한의 종교'라고 비판한다. 즉 비참한 삶을 살아 내고 있던 최하층민은 자신을 구원해 줄 구세주로 예수를 숭배하며 따르고 있었는데, 그토록 사랑하고 존경하는 예수를 죽음에 이르게 했던 로마제국의 정치권력과 기성 유대교의 종교 권력에 대한 분노의 벽돌을 켜켜이 쌓아 올려, 이윽고 그리스도교 교회를 건설하였다는 것이다.

이러한 대목에서 독자는 무척 당혹스러울 수밖에 없다. 특히 독실한 그리스도교 신앙을 가진 사람은 더욱 그러할 것이다. 왜냐하면 니체는 그리스도교에 대한 일반적인 통념을 완전히 뒤집어 놓기 때문이다. 예수의 가르침에 따라 인류에 대한 사랑을 제일의 원리로 삼는 그리스도교가 실상 원한의 종교에 불과하다니, 이 무슨 해괴하면서도 불경스러운 망언이란 말인가? 예수 그리스도가 전한 복음의 핵심이 사랑이 아니라 원한이었다는 말인가? 니체는 예수의 가르침과 그리스도교의 교리를 제대로 알아나 보고서 지껄이는 것인가? 심기가 언짢아 불편해진 독자, 특히 독실한 그리스도교 신자로서는 눈살을 찌푸리며 당장 책을 덮어 버리고 싶다는 생각이 들 수 있다.

『안티크리스트』에서 예수에 대한 니체의 평가가 어떠한지에 대해서는 다양한 해석의 가능성과 학술적 논란의 여지가 남아 있다. 그런데 내가 생각하기에 니체는 예수라는 인물이

전한 복음의 가르침과, 예수 사후 제자·사도에 의해 확립된 그리스도교 교회를 엄밀하게 구분하고 있는 것처럼 보인다. 즉 니체는 엄연한 '사람의 아들'로서의 예수가 누구보다 인간적인 삶의 모범을 보여 주었다고 높이 평가하면서, 오히려 제자들과 초기 교회의 사도들, 그중에서도 특히 바울이 예수를 '신의 아들'로 날조하여 그리스도교의 교리를 완전히 왜곡했다고 평가한다. 바꾸어 말하면『안티크리스트』의 제목에서 비판·반대의 뜻을 지닌 '안티'가 겨냥하는 것은 예수라는 인물과 그가 전한 복음이 아니라, 유대교적 전통을 답습하고 있는 제도 종교로서의 그리스도교 교회라는 것이다. 왜냐하면 그리스도교가 겉으로 예수의 가르침을 표방하고 있다고는 하나, 실상 그것의 뿌리가 되는 유대교의 잔재로부터 완전히 탈피하지 못했다고 보기 때문이다.

혹시 독자가 〈이웃집에 신이 산다〉라는 제목의 영화를 알고 있는지 모르겠다. 한국에 들어올 때 제목이 그렇게 바뀌었지만, 프랑스어 원제는 "Le Tout Nouveau Testament"다. 영어로는 "The Brand New Testament"인데, 우리말로 옮기면 "완전히 새로운 계약"이라는 뜻이다. 여기에서 계약이란 절대자 하느님의 언약이다. 구약에서의 신은 율법을 어기는 자를 엄하게 심판하고 처벌하지만, 예수는 보편적 인류애를 강조하며 서로 사랑하라는 신의 가르침을 전한다. 물론 위의 영화는 예수의 신약조차도 현대 사회를 살아가는 인간의 다양한 모습을 인정하는 데에 적합하지 않으며, 따라서 "에아"라는 이름을 가진 어린 소녀를 예수의 여동생이자 새로운 구세주로 내세워 훨씬 더 포용적인 사랑이 필요하다는 메시지를 던지고 있다.

다만 영화와 관계없이 우리가 니체의 논리를 따라가기 위해서는, 거칠게나마 유대교의 구약과 그리스도교의 신약을 대조해 보는 것이 필요하리라 생각한다. 유대교가 숭배하는 구약의 신은 '심판의 신'이다. 반면 그리스도교가 믿는 신약의 신은 '사랑의 신'이다. 전자는 선을 행한 자에게는 상을 주고 죄악을 범한 자나 이교도에게는 냉혹한 벌을 주는 추상같이 엄격한 하느님이지만, 후자는 예수를 통해 "누가 너의 오른쪽 뺨을 때리면 왼쪽 뺨도 내어 주라"고 가르치는 사랑과 평화의 하느님이다. 그런 점에서 비록 같은 뿌리에서 나왔다고 하더라도 『성경』에서 구약과 신약으로 구분되는 유대교와 그리스도교는 근본적으로 다른 종교여야만 한다.

사정이 이러함에도 니체는 초기 그리스도교인이 유대교에서 완전히 벗어나지 못했다고 평가한다. 그러니까 예수의 죽음이라는 그야말로 충격적이고도 비통한 사건을 마주한 후 그것을 해석하고 의미를 부여하는 과정에서, '분심憤心'에 사로잡힌 그리스도교인은 정작 예수가 그토록 벗어나야 한다고 가르쳤던 유대교의 사고방식을 답습하였다는 것이다. 이러한 태생적·발생적 한계 때문에, 제자와 사도는 예수의 '새로운 언약'을 '구약의 틀'로 해석하여 그리스도교를 율법과 심판이라는, 고래로 그들에게 익숙했던 유대교의 전통적 프레임에 가두어 왜곡해 버렸다는 것이다. 이렇게 유대교적 선입견·편견을 통해 날조된 교리 위에서 확립된 제도 종교로서의 그리스도교가, 이후 무려 2천여 년 동안 서양 정신문명의 토대가 되었다는 말이다.

이러한 음모를 획책한 이들은 겉으로는 그 어떤 종교보다 평화를 추구하는 것처럼 보이며, 심지어 "원수를 사랑하라"고 가르치기도 한다. 하지만 실상 그들의 내면에는 자신보다 탁월한 모든 존재에 대한 원망과 증오 그리고 복수심이 도사리고 있다는 것이 니체의 비판이다. 초기 그리스도교인에 대한 심리학적 분석과 재구성을 통해, 니체는 이러한 원망과 증오의 감정을 "르상티망ressentiment"이라고 부른다. 프랑스어 르상티망은 말 그대로 '원한 감정'이다. 복수를 향한 '원망'과 '증오'가 너무나 깊이 사무쳐 기어이 마음에 병이 들고 만 것이다.

전통적으로 한국인의 근본 정서를 '한恨'으로 규정해 왔다. 일설에 의하면 한국인과 유대인이 수천 년 전 대홍수 이후 갈라져 나온, 뿌리를 공유하는 겨레라는 주장도 있다. 내가 이러한 가설의 진위를 판단할 자격은 못 되고, 여기서 이 문제의 사실 여부 역시 중요치는 않다. 다만 내가 우리 민족 전통의 정서인 '한'을 언급하는 까닭은, 선조로부터 유래하는 문화적 배경 덕분에 독자가 니체의 르상티망을 좀 더 정확하게 이해할 수 있을지 모르겠다는 기대 때문이다.

니체가 말하는 원망과 증오는 상대에게 드러내 놓고 화를 표출하거나 격렬하게 반항하는 등의 '뜨거운' 뉘앙스와는 전혀 거리가 멀다. 오히려 "여자가 한이 맺히면 오뉴월에도 서리가 내린다"는 한국 속담처럼, 우리는 니체의 르상티망에서 온화하게 웃는 얼굴 뒤에 감추고 있는 냉정하리만치 차가운 미소, 독기 어린 저주를 머금고 있는 서늘한 결기를 읽어 내야만 한다. 그러니까 비참과 고통으로부터 자신을 구원해 줄 구세주로 섬겼던 예수를 죽게 만든 자들을 향해 "어디 한번 두고 봐라, 최후의 심판의 날이 오기만 하면 어떠한 일이 벌어지는지"라며, 숨죽인 채 와신상담하며 은밀하게 이를 가는 것이다.

그런데 사실 누군가를 원망하고 저주하는 것보다 발생적으로 선행하는 것은 자신의 삶에 대한 불만족이다. 자신이 추구하는 무엇인가를 성취하지 못하는 경우, 또는 자신이 되고 싶은 어떤 모습이 되지 못한 경우, 또는 자신이 마땅히 얻을 자격이 있다고 생각하는 무엇인가를 누리지 못하는 경우, 우리는 현실에 만족하지 못하게 되고, 이러한 불만족은 여러 병리적 심리 현상으로 표출된다. 자신의 내면으로 침잠하는 우울증이 대표적이지만, 이러한 증상이 극도로 심해지면 느닷없이 화로 돌변하기도 한다. "내 삶을 이렇게 만든 것은 무엇 때문이고 누구 탓이야"라는 생각에 사로잡혀 특정한 누군가를 원망의 대상으로 삼아 분노의 화살을 돌린다. 그리고 한 걸음 더 나아가 복수를 다짐하기도 한다.

가령 부모에게 학대를 당하는 자녀를 생각해 보자. 부모의 물리적·정서적 폭력은 아이의 마음을 병들게 한다. 마음이 병들어 가는 과정은 다음과 같다. 아이는 처음에 신체적 고통을 느낀다. 하지만 지속적인 학대는 아픔마저 둔감하게 만들고, 이윽고 아이는 무기력과 우울증에 빠져든다. 그러나 모든 상황을 체념하는 것과 같은 이러한 침잠은 상황을 수용하는 것과는 거리가 멀다. 아이는 내면에서 조금씩 부모에 대한 적대감과 반항심을 키운다. 여기서 중요한 것은 은밀함이다. 아이는 불편하고 불쾌하다고 해서 노골적이고 적나라한 방식으로 분노를 표출하지 못한다. 감히 그런 마음을 품고 있다는 기색조차 내비쳐서는 안 된다. 왜냐하면 그로 인해 더욱 끔찍한 체벌이 가해질 것을 알기 때문이다. 그렇기에 아이는 겉으로는 순종하는 표정을 짓고 있지만, 속으로는 장차 어른이 되어 힘을 키우면 반드시 자신이 겪은 일에 대한 대가를 치르게 하겠노라고 다짐한다. 부모가 눈치채지 못하게 힘을 키우며 아득바득 벼르는 것이다.

하지만 이러한 복수의 다짐은 적지 않은 경우, 지금 당장은 한낱 관념적 복수에 그치는 경우가 많다. 즉 원한과 증오의 마음으로 앙갚음의 모래성을 쌓았다가 허물었다가를 반복하며 공상 속에서 자기 위안과 대리만족을 구할 뿐이지, 실제로는 복수를 통한 설욕은커녕 사소하리만치 소심한 저항조차 감행할 수가 없다. 왜냐하면 객관적 현실이라는 냉엄한 파도가 들이치면, 관념과 상상으로 지은 모래성은 흔적도 없이 물거품과 함께 쓸려 가기 때문이다. 즉 아이는 현실에서 이러지도 못하고 저러지도 못하고 주눅이 들어 숨을 죽인 채 눈치만 보면서, 신경쇠약에 시달리고 무기력 속에서 점차 말라 죽어 가는 것이다.

내가 위와 같은 비유를 든 것은, 아이의 심경을 니체가 말하는 그리스도교인의 심리에 견주어 보기 위함이다. '약자'란 말 그대로 힘이 부족한 사람이다. 물리적으로 힘이 충분했다면 처음부터 약자가 되지도 않았을 것이다. 정신적으로 힘이 충분했다면 자신의 독립을 쟁취하여 주권을 회복하고 원하는 것을 쟁취하기 위해 분연히 떨쳐 일어났을 것이다. 그런 점에서 자신에게 고통을 준 누군가에 대한 원망과 증오는 이미 현실에서 상대를 이길 힘은 물론, 문제 상황을 해결할 힘도 심지어 스스로 일어설 힘조차도 없는, 억압과 굴종을 내면화한 약자의 전유물일 뿐이다. 요컨대 상상 속에서의 관념적 복수는 문자 그대로 '힘이 없다', '생기가 없다'는 뜻을 지닌 '무기력無氣

力'의 다른 이름이자, 데카당스의 단적인 징표인 셈이다.[3]

그럼에도 어떤 식으로든 자신의 삶을 정당화하려는 것이 인간의 본능이기 때문에, 약자는 초현실적 관념의 세계에서 복수의 실행을 유예한다. 그것이 언제일지 정확히 알 수는 없지만 이 세상에 '정의'가 바로 세워지는 '최후의 심판'의 날이 오면, 핍박과 가난 속에서 억울하게 고통받고 있는 '선善'한 그리스도교인들은 하느님에 의해 구원받아 영원한 '복福'을 누릴 것이다. 반면 그리스도교를 탄압한 '죄罪'와 '악惡'에 물든 로마의 권세가들은 지옥에서 영원한 '벌罰'을 받을 것이다. 이러한 믿음을 기반으로 하여 '선·악의 이분법'이 탄생한다.

3　이 책의 4장 4절에서 다시 언급하겠지만, 나는 니체가 '반그리스도교'의 사상을 발전시킨 이유 중의 하나로 독실한 그리스도교 목사 집안에서 태어났음도 있었으리라고 짐작해 본다. 어려서부터 귀에 못이 박히도록 들어 온 성경 말씀과 설교와 훈육이 혹시 어린 니체에게 거부감과 반항심을 심어 주었던 것은 아닌지 가설을 제기해 보는 것이다. 만약 그렇다면, 니체야말로 오히려 가장 데카당스에 빠져 있던 인간이 아니었을까? 그러니까 정작 니체 본인이 누구보다도 무기력한 삶을 살아 왔기 때문에, 이를 관념적으로 해소하고자 '반데카당스'의 사상, '강한 힘을 숭배' 하는 철학을 만들어 발전시킨 것은 아니었을까? 한 줄로 요약하면, 정작 "니체의 적은 니체" 자신이었을 수도 있다는 게 내 생각이다.

5. 가치 전도 Umwertung

선과 악은 무엇인가? 우리가 일반적으로 생각하는 선·악의 관념을 그대로 가져오면 안 된다. 니체의 계보학에 따르면 선·악의 가치는 그 자체로 자명한 것이 아니라, 누군가의 욕망과 의도와 기획 속에서 만들어진 것이기 때문이다. 따라서 우리는 선·악이라는 관념이 어떤 맥락에서 출현하게 되었는지, 그러니까 어떻게 오늘날에 통용되는 의미를 획득하게 되었는지 그 발생적 기원과 변천의 과정에 주목해야 한다. 왜냐하면 니체에 따르면 애초에 좋음·나쁨이 지니고 있던 의미가, 그리스도교가 품은 원한에 의해 선·악이라는 완전히 전도된 의미를 획득하였기 때문이다.

『도덕의 계보학』에서 전개되는 니체의 계보학적 어원 분석은 다음과 같다. '좋음'을 뜻하는 영어 'good'은 독일어 'gut(굿)'과 같은 계열로, 니체의 해석에 따르면 이러한 말은 본디 '신god/Gott(고트)' 또는 '신과 같은'이라는 의미를 지닌다고 한다. 여담으로 요즈음 영어 단어 'goods(굿즈)'가 기념품을 일컫는 말로 통용되지만, 독일어 'Güter(귀터)'와 마찬가지로 본디 '재화'

를 의미한다. 쓸모와 가치가 깃든 물건은 살아가는 데에 필요한 것이자 '좋은 것'이다. 왜냐하면 삶에 '도움(힘)'이 되기 때문이다. 그런 점에서 재화는 인간에게 활력을 불어넣는 '신적인 것'이다. 이처럼 '좋음'이라는 가치가 뜬구름 잡는 추상적 관념이 아니라 구체적인 삶에 맞닿아 있는 물질성을 기반으로 삼는다는 점도, 니체를 독해하는 데에 매우 중요하다.

니체는 '좋음'을 뜻하는 프랑스어 'bon(봉)'의 어원 라틴어 'bonus(보누스)' 역시 '전사戰士'라는 말에서 나왔다고 분석한다. 전사는 투쟁하는 사람으로서 '강인함'을 지닌다. 승리를 통해 목표를 쟁취하는 힘을 지닌 사람인 것이다. 여기서 주목할 것은, '좋음'이라는 개념의 기원이 '힘'과 결부되며, 나아가 신적인 것 또는 신에서 기원한 '위대함'의 의미를 함축하고 있다는 점이다. 신이란 엄청난 '능력'을 가진 '탁월한' 존재다.[4] 그렇기

---

4 그래서 "아이에게 부모는 신이다." 비유로 말하는 것이 아니다. 더 많은 것을 알고, 더 많은 것을 할 수 있고, 더 크고 성숙한 인간은, 다른 인간에 대해 상대적으로 더 탁월한 신의 지위를 갖는 것이다. 엄밀한 학술서가 아니라는 점을 변명 삼아 개인적인 견해를 피력하면, 나는 종교가 신으로 숭배하는 존재가 인류에게 최초로 지식과 기술을 전수해 주었던, 초고도로 발전한 외계 문명으로부터 온 우주인은 아니었을까 짐작해 본다. 그럼에도 신은 여전히 존재한다고 말할 수 있는 것 아닌

에 탁월함은 무언가를 '잘함'과 연결될 뿐만 아니라 강인함·고귀함·귀족적임·지배함의 의미를 내포하고 있다.

이러한 '좋음'에 반대되는 개념이 '나쁨', '못함'의 뜻을 지닌 'bad/böse(뵈제)'다. 니체에 따르면, 독일어 'schlecht(슐레흐트)' 역시 원래 비속함·천함·저급함을 일컫는 말이었다고 한다. 'schlecht'는 특별히 봐 줄 만한 점이 없어 단순함·평범함을 가리키는 'schlicht(슐리히트)'와 어원을 공유한다. 즉 자질·능력·힘이 출중하지 '못함'을 뜻하는 것이다. 이것은 부나 지위만을 가리키는 것이 아니고, 사람을 끄는 자질이나 신체적 능력에도 해당한다. 그러니까 통상 사람들이 선망하는 금력·권력·매력·체력·정력·정신력·실력은 모두 '힘(力)'의 탁월함을 지칭하는 '좋은 것'이다. 따라서 여기에 미치지 못하거나 이러한 것이 결여된 상태는 '나쁜 것'이며, 당연하게도 인간은 이와

가? 그러나 3장 9절에서 상술하겠지만 니체의 말처럼 "신은 죽었다." 왜냐하면 본성상 모든 "인간이 곧 신"이기 때문이다. 즉 이러한 물음의 핵심은 신의 존재 여부에 관한 증명이 아니다. 신이라고 불릴 수 있는 존재가 있다고 하면, 그가 어떠한 존재이어야만 하는가가 관건이기 때문이다. 압도적인 힘을 가진 신이 존재한다고 치자. 그에게 굴종하고 매달릴 것인가, 아니면 인간인 나도 그와 같은 존재가 되기 위해 살 것인가?

같은 상태를 기피하고 '싫어한다'.

유럽인이었던 니체가 미처 한자까지는 검토하지 않은 듯하지만, 고대 동아시아에서도 '善(선)'은 원래 '잘생김', '잘함'의 뜻이었고 '惡(악/오)'는 '못함', '미워함'의 뜻이었다. 즉 우리가 오늘날 통상 가지고 있는 '선함'과 '악함'과 같은 관념은 나중에 의미가 더해진 추상적·파생적인 것으로, 처음부터 도덕적 평가의 맥락으로 그 단어를 사용하지 않았던 것처럼 보인다. 선과 악은 오히려, 삶에서 몸의 감각을 통해 직접적으로 경험할 수 있는, 일종의 물질성을 띤 구체적 사태를 지칭하는 개념이었던 셈이다.

일례로 '선남선녀善男善女'라는 말을 살펴보기로 하자. 사전을 찾으면 선남선녀에는 두 가지 뜻이 있다. 하나는 마음이 곱고 착한 사람을 가리키며, 다른 하나는 외모가 수려하고 아름다운 사람을 일컫는다. 한문학자가 아닌 나로서는 어느 것이 발생적으로 먼저라고 단언하기는 어렵다. 하지만 니체의 관점을 적용해서 생각해 보면, 아무래도 전자보다 후자의 의미가 더 근원적인 것 같다. 왜냐하면 후자는 감각적·물질적으로 확인할 수 있는 반면에, 전자는 그렇지 않기 때문이다.

도대체 마음이 착하다는 것을 눈으로 볼 수 있는가? 외모가 아름답다는 것은 감각으로 확인할 수 있는 사실이지만, 성품이 착하다는 것은 거기에서 파생된 추상적 관념이다.

『논어』에서도 '善'의 뜻을 '착하다'라고 새기면 말이 되지 않는 문장이 많다. 가령 「공야장公冶長」 편에 등장하는 "晏平仲善與人交(안평중선여인교)"라는 구절을 보자. 이 문장은 "안평중이 다른 사람과 사귀기를 잘한다"라고 해석해야 한다. 즉 고대 동아시아에서도 '善'은 본래부터 '착함'을 뜻하는 말이 아니었고, 오히려 이처럼 '잘함'의 뜻을 지니고 있었다. 그런데 여기서 '잘함'의 의미는 무엇인가? 그것은 어떤 '능력'을 가리킨다. 다른 사람과 사귀기를 잘한다는 것은 사회적 관계를 잘 맺고 좋게 유지하는 자질·매력·능력으로서의 '힘'이 있다는 것이다.

그러니까 오늘날에는 선·악이 이미 도덕적 평가의 규정으로 뜻이 굳어져 버렸지만, 위와 같이 고대에 그 말이 최초로 생겨난 발생적 기원과 실제 사용되던 맥락을 문헌학적으로 고찰하면, 그것은 오히려 '역량적 가치'를 지시하는 개념이었던 셈이다. 이러한 어법이 낯설지 않은 것은 오늘날 영어에서 "be good/bad at"이 "-을 잘하다/못하다"의 뜻으로 쓰이는 것으로도 확인할 수 있다. 이 구문을 '선하다/악하다'로 번역하면 어색하게 들리는 정도가 아니라 아예 틀린 해석이 된다.

좋은 것은 무엇인가? 잘하는 것이다. 탁월한 것이다. 그것은 존재의 힘·능력·역량을 뜻하는 '덕*virtus*'이라는 개념으로 집약된다. 무엇인가를 잘하는 덕이 있다는 것은 그것을 잘하기에 충분한 힘·자질·능력·역량·탁월함을 지녔다는 것을 의미한다. 한번 솔직하게 답해 보자. 독자들은 언제 삶이 살 만한 것이라고 느끼는가? 무언가를 잘 해냈을 때, 그렇게 함으로써 원하는 무언가를 성취했을 때, 또는 앞을 가로막던 한계나 장애를 넘어섰을 때 삶을 고양시키는 즐거움과 활력을 느끼지 않는가? '활력活力'이란 문자 그대로 '살아가는 힘'이다. 이처럼 '살아 있다는 느낌', 즉 '살아가는 맛(살맛)'을 느끼는 것이야말로 '잘 사는' 것이며, 그것이 바로 '좋은 삶'이자 탁월한 삶이다.

그렇다면 나쁜 것은 무엇인가? 그것은 못하는 것, 자질·능력이 부족하거나 힘·역량이 뒤떨어지는 것과 다르지 않다. 독자들은 언제 삶이 살 만하지 않다고 느끼는가? 바라는 것이 채워지지 않아 불만족스러울 때, 아무리 애써도 원하는 것을 성취하지 못하거나 목표에 도달하지 못했을 때, 또는 다치거나 병이 들어 아프거나 기운이 빠지고 힘이 없을 때 삶이 고통스럽다고 느끼지 않는가? 이처럼 '살아 있음'을 느낄 수 없는 불만족과 괴로움의 상태야말로 제대로 '못 사는' 것이며, 그것이 바로 '나쁜 삶'이다. 니체는 이것을 이해하는 것이 전혀 어렵지 않다고 말한다. 왜냐하면 인간의 직관과 상식에 부합하는 솔직한 가치평가이기 때문이다. '잘 살기(좋은 삶)'를 바라고 '못 살기(나쁜 삶)'를 바라지 않는 것은 누구에게나 자연스러운 인지상정이라는 말이다.

혹시 독자 중에서는 잘 사는 것이 좋은 삶이라는 데까지는 인정하더라도, 그것이 덕과는 전혀 무관한 것 아니냐고 문제를 제기하는 사람이 있을지도 모른다. 그러니까 덕이란 세속적·물질적인 것에 초연한, 이른바 성인군자에게 귀속시켜 말해야 하는 것 아니냐고 말이다. 하지만 잘 생각해 보면 그렇지 않다. 왜냐하면 선·악 관념에 대한 선입견을 거두고 덕이 무엇인지 살펴보면, 그것이 현실적인 힘과 무관하지 않음을 알 수 있기 때문이다. 가령 우리가 일상생활에서 덕이 있다고 평가하는 사람이 어떤 사람인지 떠올려 보자. 내가 곤란하고 어려운 처지에 있을 때 도와주는 사람을 덕이 있다고 말할 때, 그때의 덕은 단지 성품이 착하다는 말만으로는 적절히 설명하기에 부족하다. 누군가를 돕기 위해서는 도우려는 마음도 돕겠다는 말도 중요하지만, 무엇보다 실제로 도와줄 수 있는 능력이 있어야만 한다. 내 한 몸 건사하기도 급급하여 힘들어하는 사람이 타인을 도와줄 '여력'이 있을 리는 만무하기 때문이다.

조선 성리학이 그리는 이상적인 선비는, 살림은 가난하지만 그럼에도 고고한 성품을 지닌 도덕군자로 표상되곤 한다. 그러나 조선 후기의 상황을 보라. 시대 변화에 적응하지 못해 가족을 제대로 부양하지도 못한 양반은, 농사든 장사든 노동을 통해 생계를 꾸려 갈 생각도 하지 않은 채 백면서생 책상물림으로 "공자왈 맹자왈"만 읊조리다가, 족보를 팔아서야 겨우 연명하는 잔반의 신세로 전락했다. 어려운 이를 돕는 '인간 사랑'을 실천하기는커녕 당장 내 식솔이 끼니를 해결할 쌀 한 톨조차 없는데, 경전으로만 익힌 고상한 가치 '인仁'을 숭상한다 한들 그게 도대체 무슨 소용이란 말인가? "곳간에서 인심 난다"는 속담이 말해 주듯, 넉넉하고 여유가 있는 사람, 남을 도와줄 여력이 있는 사람, 그래서 책으로 배운 관념으로만이 아니라 실제의 현실에서 남에게 베푸는 행위를 할 줄 아는, 그리고 그렇게 하기에 충분한 힘이 있는 사람이야말로, 명실상부 덕이 있다는 평가에 적합한 사람이었던 셈이다.[5]

여기서 우리는 "-할 수 있는" 또는 "-할 줄 아는"이라는 표현이 지닌 '역량적' 의미를 곱씹어 새겨야 한다. 왜냐하면 무언가를 —그저 머릿속에서 관념으로서가 아니라— 실제로 현실화하는 힘으로서의 "-할 줄 아는" 역량이야말로 덕이 있는 삶의 조건이기 때문이다. 결국 삶에 대한 우리의 직관과 상식은, 탁월함·힘·좋음의 삼위일체가 곧 덕이라고 말하는 셈이다.[6]

---

5 아무리 성리학이 이상적 인간상을 청렴결백한 도덕군자로 그려 놓았다고 한들, 정작 사대부가 정치적·사회적·학문적 특권을 누릴 수 있었던 현실적 기반은 바로 그들이 소유한 토지였다. 우리는 고결한 선비 서경덕(徐敬德)이 허름한 초막에서 황진이(黃眞伊)와 정신적으로 교감한 소위 '플라토닉 러브(platonic love)'에 감복하면서도, 성리학의 대가 이황(李滉)이 엄청난 수의 노비와 소작농을 거느렸던 대지주였다는 사실은 별로 주목하지 않거나 애써 외면한다. 조선의 성리학은 스스로 땀 흘려 일할 필요가 없었던 유한계급인 사대부의 사회적 지위와 경제적 기반 위에서 발전할 수 있었다. 그럼에도 성리학이 물욕(物慾)을 멀리할 것을 도덕적 이상으로 삼는다니, 보기에 따라서는 참으로 기묘한 위선과 이율배반이 아닐 수 없다.

6 니체가 말하는 '탁월함'으로서의 '덕' 개념을 독자로 하여금 직관적으로 이해시키는 데에 더 이상 적절한 예가 없을 듯하여, 각주로나마 예시를 들어 언급한다. 사

그런데 니체에 따르면 그리스도교는 상식과 직관이 보여 주는 좋은 것을 나쁜 것으로, 나쁜 것을 좋은 것으로 완전히 뒤바꿔 놓았을 뿐만 아니라, 거기에 도덕적 색채를 덧씌워 개념 자체를 완전히 왜곡해 버렸다. 원망과 증오에 사로잡힌 그리스도교는 잘함·못함이라는 역량적 관점에서 힘이 많고 적음의 문제를 실체적으로 규정된 도덕적 선·악의 개념으로 전환하였다. 니체는 이것을 "가치 전도Umwertung"라고 부르는데, 문자 그대로 '가치Wert'를 '거꾸로 뒤집는다um'는 뜻이다. 즉 니체에 따르면, 그리스도교는 본디 잘함·힘·탁월함을 뜻하는 '좋음good'을 '나쁜 것'으로 규정함과 동시에, 원래 못함·약함·부족함을 뜻하는 '나쁨bad'을 '좋은 것'으로 규정해 버렸다. 그런데 이렇게 의미가 뒤집히는 과정에서 유의할 점이 있다.

———

람들이 '육덕(肉德)'이라는 말을 쓰는 경우가 있다. 육덕이란 마르지 않은 살집에서 오는 신체적·성적 매력으로서의 풍만함을 뜻한다. 여기서 말하는 '덕'은 우리가 통상적으로 말하는 '도덕(moral)'과는 전혀 무관하다. 굳이 도덕적 평가를 결부시키지 않더라도 우리가 좋음·잘함·탁월함으로서의 '덕'의 관념을 지니고 있음을 보여 주는 단적인 사례다. 참고로 '육덕'은 성차별적 뉘앙스를 지닌 비속어가 아니라, 엄연히 국어사전에 실려 있는 표준어다.

본래 '좋음'과 '나쁨'은 그저 정도상의 차이만 있을 뿐이다. 많은 사람이 좋은 것을 바라고 추구하며 나쁜 것을 싫어하고 피하지만, 여기서 이른바 좋은 것과 나쁜 것은 실체적인 것이 아니다. 비록 지금 내가 나쁜 상태에 처해 있지만 앞으로 좋은 상태로 바뀔 수도 있으며, 그런 점에서 좋은 것과 나쁜 것 사이에는 무수히 많은 정도상의 차이와 전변을 허락하는 연속선상의 위계가 존재한다. 새옹지마라는 고사처럼 인생이란 '업 앤 다운Up and Down'이 있게 마련이니, 좋은 일이 나쁜 일로 바뀔 수도, 역으로 나쁜 일이 좋은 일로 바뀔 수도 있다. 지금은 남보다 못한 처지에 있으나 나중에는 남보다 나은 처지가 될 수도 있고, 현재는 남보다 뒤처진 상황에 있지만 언젠가는 남보다 앞서는 조건에 놓일 수도 있다. 그러니까 좋음과 나쁨에는 정도에 따른 상대성만 존재할 뿐, 얼마든지 낮은 곳에서 높은 곳으로 올라가거나 삶이 개선될 가능성이 열려 있다.

그러나 '선善'과 '악惡'에서는 사정이 전혀 다르다. 도덕적 가치로서의 선과 악은 실체적으로 낙인을 찍어 규정하는 개념이다. "너는 나쁜bad 상황에 처해 있다"는 말과 "너는 악하다bad"는 말의 뉘앙스 차이를 유심히 비교해 보라. 전자에서는 상황이 호전될 가능성을 배제하지 않고 있지만, 후자에서는 더 이상 개선의 여지도 일말의 가망도 없다는 식으로 단죄한다. '나쁜 상태에 놓인 사람'과 '본성이 사악한 사람'은 전혀 다른 것이다. 전자는 이러저러하다는 사실을 그저 담담하게 진술할 뿐이지만, 후자는 절대적인 도덕 규정을 기준으로 삼아 인격을 재단하고 심판한다.

그리스도교인은 자신의 삶을 단지 나쁘다고 생각하지 않는다. 낮음·천함·약함·부족함·못함·추함·괴로움이 단순히 나쁘기만 하다면, 경우에 따라서는 상황이 좋은 방향으로 반전될 여지도 있을 것이다. 그런데 교묘하면서도 역설적인 것은, 그리스도교가 이런 나쁜 상태를 오히려 선의 단적인 징표로 간주한다는 점이다. 자신들은 "착하고 올바르며 선한데, 바로 그러한 이유로" 핍박을 받고 시험을 겪으며 고통을 겪는다고 해석하는 것이다. 이와 동시에 높음·귀함·강함·넉넉함·잘함·아름다움·즐거움을 누리는 자에게는 도덕적으로 악하다는 낙인을 찍는다. 죄를 행한 인간은 악인이다. 죄악으로 물든 이 세상은 악한 곳이다. 여기서 말하는 '악'이란 단지 '나쁨'을 뜻하는 것이 아니라, 절대적 관점에서 규정하는 의미를 지닌다.

　이로써 우리는 그리스도교의 가치 전도가 두 단계로 진행됨을 알 수 있다. 첫째, 삶에 직관적으로 나쁜 것을 좋은 것으로, 삶에 직관적으로 좋은 것을 나쁜 것으로 역전시킨다. 둘째, 이렇게 뒤바뀌어 버린 '좋음(원래의 나쁨)'과 '나쁨(원래의 좋음)'의 뉘앙스를 미묘하게 바꿔치기함으로써, 각각을 '선'과 '악'이라는 도덕적 규정으로 치환한다. 즉 원한 감정에 의한 가치 전도는 이중의 방식으로 꼬여 있는데, 이를 도식으로 나타내 보면 다음과 같다.

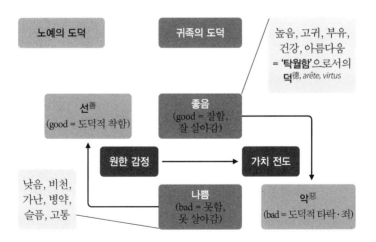

6. 현실도피

니체는 예리한 통찰력으로 뭔가를 발견한 후 그것을 독자에게 열정적으로 전달하고 있는데, 사고를 전개하는 데에 워낙 비틀림과 꼬임이 현란해서 그의 문장을 곧이곧대로 읽어서는 본의를 파악하는 것이 수월하지 않다. 정작 니체 본인은 자신이야말로 가장 솔직하고 담백하다고 자부하지만, 그것은 '자기만의 착각', 요즈음 유행하는 말로 '뇌피셜'[7]일 뿐이다. 그럼에도 내가 독자에게 『안티크리스트』를 소개하며 강조하고 싶은 점은 그리스도교에 대한 비판 자체이기보다는, 원한 감정과 가치 전도에 대한 분석을 통해 이끌어 낼 수 있는 심리학적 함의다. 독자의 이해를 최대한 돕고자, 나는 우회적으로 다음과 같은 이야기를 원용해 보려고 한다.

---

7   '뇌피셜'이란 '뇌(腦)'와 '오피셜(official)'을 합성한 신조어로, 지극히 주관적인 자신만의 견해를 마치 공인된 객관적 사실인 것처럼 주장하는 세태를 풍자하는 말이다.

1)『이솝 우화』의 '신 포도'

먼저 우리에게 익숙한『이솝 우화*Aesop's fable*』한 편을 살펴보기로 하자. 여우가 길을 가다가 높은 곳에 있는 포도나무를 보았다. 포도가 주렁주렁 달려 있는데 자신의 키보다 높은 곳에 있어 여우는 그것을 따 먹을 수 없었다. 그런데 여우는 이렇게 이야기하고 돌아다녔다. "저기 달린 포도는 틀림없이 실거야. 시어서 먹을 수 없을 거야. 애써 굳이 그런 것을 먹어 봐야 대체 무슨 소용이람?" 자신의 역량(힘)이 부족해서 얻지 못한 것을 마치 원치 않아서 갖지 않는 것처럼 핑계를 둘러댄 것이다. 인터넷을 찾아보니 '신 포도*sour grape*'란 그저 이솝이 풍자하는 우화의 제목이기만 한 것이 아니라, 자신의 죄로 인한 벌을 조상 탓으로 돌리는 유대인의 고약한 습관을 꼬집는 관용어로도 쓰인다고 한다. "잘되면 제 탓, 못되면 조상 탓"이라는 한국 속담이 연상되는 이 우화가 전달하려는 교훈은 무엇인가?

사실 여우는 포도를 너무나도 먹고 싶은 마음을 품고 있다. 그런데 문제는 키가 작아 포도에 닿을 만큼의 힘이 없다는 것이다. 그렇다면 자신이 힘이 부족하다는 점을 있는 그대로 솔직하게 인정하고, 도구를 사용하거나 다른 동물과 힘을 합치는 등 포도를 먹을 다른 방법을 강구해야 하지 않을까? 하지만 여우는 그렇게 하지 않았다. 자신이 힘이 부족해서 얻지 못하는 것을 오히려 포도가 맛이 실 것이 뻔하다면서 전도된 가치평가를 내린다. 이러한 태도는 자신의 능력·힘·역량이 부족하다는 점을 잠시나마 외면하게 해 준다는 점에서 일시적인 자기 위안을 줄 수는 있겠으나, 먹고 싶은 포도를 먹지 못한다는 엄연한 사실, 자신의 처지를 근본적으로 변화시킬 수는 없다.

2) 『아큐정전』의 '정신승리법'

이와 비슷한 맥락에서 다음의 사례를 또 살펴보자. 중국 현대문학의 선구자로 평가받는 루쉰魯迅의 대표 작품 『아큐정전阿Q正傳』에는 다음과 같은 이야기가 나온다. 소설의 주인공 아큐는 무능력함에도 자존심은 하늘을 찌르는 인물로 그려진다. 길을 걷다가 불량배를 만나 흠씬 두들겨 맞고서도 "저 녀

석은 내 아들뻘 되는 놈이다. 그러니까 저놈이 내 육체는 무너뜨렸을지언정 내 정신에는 아무런 영향도 미치지 못했으므로, 결국은 내가 이긴 것과 마찬가지"라며 허세를 부린다.

루쉰은 이 소설을 통해 아편전쟁 이후 서구 열강의 침략에 속수무책 당하면서도 여전히 중화제일을 고집하는 중국인의 못난 자존심을 비꼬았다. 여기서 비롯되어 오늘날에도 사람들의 입에 널리 오르내리는 그 유명한 말이 바로 '정신승리법精神勝利法'이다. 즉 현실적·육체적으로는 패배했지만 그럼에도 관념적·정신적으로는 이긴 것이라고 애써 '자기합리화'하는 태도인데, 자신이 못나고 무력하다는 수긍할 수 없는 현실로부터 도피하여 허구적 환상 속에서 '대리만족'을 찾는 일종의 '자기기만'인 셈이다.

나는 '가치 전도'라는 니체의 논리를 좀 더 쉽게 이해시키기 위해서 이 두 가지 사례를 언급하였다. 여우와 아큐의 문제는 무엇인가? 자신이 당면한 삶의 현실과 자신의 정확한 처지에 대한 진솔하고 겸허한 인정이 결여되어 있다는 것이다. 단순히 이것만이 문제가 아니다. 이들의 심리상태에서는 교묘한 왜곡마저 엿보인다. 이들은 현실에서의 패배 또는 역량의 모자람을 인정하고 싶지 않아서, 무력하고 초라하기만 한 자신을 실제의 세계가 아닌 망상의 세계로 옮겨 놓고 거기에서 우월한 자로 군림한다. "내가 옳으니(是) 저들은 틀렸고(非), 내가 선하니(善) 저들은 악하다(惡)"는 식의 도덕적 가치평가를 내리는 것이다. 이렇게 함으로써 패배자는 돌연 승리자로 탈바꿈한다. 다만 승리의 개가를 올리는 곳이, 자신이 두 발을 딛고 살아가는 엄연한 현실의 대지 위가 아니라, 허구적 관념과 상상의 벽돌로 쌓아 올린 '공중누각'이라는 점이 안타깝기는 하지만 말이다.[8]

자신이 직면한 현실과 삶의 문제는 전혀 바뀌지 않았는데, 남을 도덕적으로 심판하는 데에서 우월감을 확인하려는 심리

---

8 루쉰은 소설을 통해 '정신승리법'을 말했지만, 일부 중국인은 정신승리법을 진지하게 믿고 실천에 옮기기도 했다. 의화단(義和團)이라는 비밀결사 단체는 중국의 전통 무술을 수련하여 근대화된 서양의 무기를 막아 내겠다며 봉기하였다. 빗발치는 총알과 포탄을 주먹으로 막겠다며 기를 모아 장풍을 시전한 셈이다. 무모한 행동거지를 비유적으로 이르는 말인 '당랑거철(螳螂拒轍)'이라는 사자성어가 연상되는 역사적 사례에서, 우리는 불굴의 정신력을 칭찬해야 할지 무모하기 짝이 없는 만용을 개탄해야 할지 모르겠다. 힘의 논리에 따라 강자에게 무조건 굴종하라는 말이 아니라, 저항을 하더라도 현실 감각을 상실해서야 되겠냐는 말이다.

에는 분명 병리적 측면이 있다. 그리고 이러한 심리의 발생적 기원에는 자신의 삶에 대한 근원적 불만족이 자리하고 있다. 이들은 표면적으로는 다른 사람을 원망하는 듯 보이지만, 실상 내면적으로는 남을 탓하기 이전에 누구보다도 자신을 원망하고 있는 셈이다. 다시 말해 아무리 애써 외부로 원인을 돌려 탓을 하더라도, 정작 그가 가장 못마땅하게 여기면서 화가 나 있는 대상은 바로 당면한 문제 상황을 해결하거나 극복하지 못한 채 불만족스러운 삶을 살아가는 자기 자신이다.

나는 니체가 말하는 원한 감정에 의한 가치 전도를 생각할 때마다, 인터넷과 SNS에서 벌어지는 비인간적 신종 범죄가 연상된다. 불법적으로 취득한 개인정보를 악용하여 타인의 신상을 파헤치고, 지극히 사적인 내밀한 약점을 잡아 죽음에 이르도록 착취하는 극악 범죄를, 신성하고 숭고한 종교에 갖다 대는 일이 과연 가당키나 하겠는가라는 우려가 든다. 그리스도교 신자는 이러한 비유 자체를 모욕으로 받아들일 것이며, 나도 누군가가 신실하게 믿는 종교를 험담하는 것 같아서 몹시 불편한 마음이다.

그러나 확실하게 말해 둘 것은, 나는 다소 무리한 비유를 동원해서라도 니체가 말하는 것을 최대한 쉽게 이해시키려는 취지 이외에, 특정 종교에 대한 개인적 입장이나 견해를 내세우려는 의도가 전혀 없다는 점이다. 더욱이 또 하나 분명히 말하자면, 니체는 『안티크리스트』에서 그리스도교만 비판하는 것이 아니라 불교를 포함하여 모든 종교, 더 정확히 말해 철학까지도 아울러서 '종교적 성향'을 띠는 일체의 사고방식 자체를 비판한다. 즉 니체는 그리스도교를 주된 타깃으로 삼고 있으나, 정도의 차이는 있을지언정 다른 종교라고 하여 호의적인 시선을 보내는 것이 결코 아니다. 그러면 어떤 점에서 종교를 위와 같은 범죄에 빗댈 수 있을까?

인터넷과 SNS에서 범죄를 저지르는 사람의 동기는 무엇일까? 다양한 이유가 있겠으나, 일반적으로 지적할 수 있는 것은 현실에서의 삶이 전혀 만족스럽지 못하기 때문이다. 그것이 금전적 곤란이든 아니면 성적 욕망이든 간에, 범죄자는 현실에서 채워지지 않는 결핍과 불만족을 지닌 채 살아간다. 그런데 실제 세계에서는 이러한 욕구와 바람을 충족시키거나 해소하는 일이 불가능하다. 왜냐하면 현실에서는 자신이 처한 문제 상황을 근본적으로 개선할 능력이 없는, 세상사 풍파에 치여 기력을 다 소진해 버린 고단한 자이자, 유리처럼 금이 가기 쉬운 영혼에 상처를 입은 실패자이며, 거듭되는 좌절로 인해 무기력을 내면화한 낙오자이기 때문이다.

그래서 그는 현실 너머에 존재하는 '가상 세계'로 도피한다. 현실에서는 아무도 알아주지 않는 보잘것없고 미약한 자에 불과하였으나, 철저하게 익명성이 보장되는 웹상에서 그는 무한 권력을 행사하는 절대자·폭군으로 군림한다. 현실에서는 상사에게서 일 못 한다고 매일 구박만 받는 열등감에 사로잡힌 회사원일 뿐이지만, 퇴근 후 컴퓨터 게임에 몰입하는 동안만큼은 악당을 물리치는 최고의 전사이자 세상을 위기에서 구원하는 영웅이 된다. 오직 이런 방식을 통해서만 현실에서 만신창이가 된 영혼을 달래고 누더기가 된 자존심을 조금이나마 회복할 수 있다는 점에서, 가상 세계로의 도피는 실상 딱하고 측은한 '자기 위로'에 지나지 않는다.

7. 니힐리즘^{nihilism}

나는 위와 비슷한 맥락에서 니체가 종교를 비판한다고 해석한다. 삶의 현실은 고단하고 괴롭다. 이러한 상황을 현실에서 해결하거나 개선하는 것은 불가능하다. 그러니 유일한 방법은 현실 너머에 있는 곳, 일체의 고통과 슬픔이 없는 세상, 영원한 즐거움으로 가득 찬 세계로 넘어갈 수밖에 없다. 그러한 세상은 지금 살아가고 있는 현세가 아니라 사후에 도래할 '내세來世'다. 그리스도교는 이곳을 '하늘나라', 즉 '천국天國'이라고 부르며, 불교에서는 '피안彼岸'이라고 일컫는다. 무엇으로 불리든 간에 이러한 곳은 이 세상 차안 너머에 있는 곳, 현실에서는 존재하지 않는 곳, 그러니까 "없는u, 無 장소topos"라는 의미에서 문자 그대로 '유토피아utopia'다. 그래서 고통이나 슬픔이 전혀 존재하지 않고 오직 영원한 즐거움으로 가득한 하늘을 올려다보며 동경하는 사람에게는, 정작 발을 딛고 살아가는 땅으로서의 삶의 현장이 아무런 의미도 가치도 지닐 수 없다.

여기서 니체 철학의 주요 개념인 "니힐리즘nihilism"이 등장한다. 니힐리즘은 '허무주의虛無主義'라고 번역되는데, 인터넷을 검색하면 여기에 포함시킬 수 있는 다양한 사상이 등장한다. 다소의 편차는 있으나, 이들을 관통하는 핵심을 말하자면 바로 '의미·가치의 상실'이다. 즉 니힐리즘은 삶을 '무無, nihil'에 지나지 않는 것으로 보며, 따라서 인생을 '무의미'하다고 느끼면서 현실을 '무가치'한 것으로 간주한다. 어쩌면 허무주의자에게 현실이란 문자 그대로 중립적인 의미에서 "아무런 의미가 없는" 것은 아닐지도 모르겠다. 왜냐하면 유일하게 의미가 있는 천국에 반대되는 개념이 지옥이라면, 그 어떠한 삶의 의미도 발견할 수 없는 괴로운 "현실이야말로 지옥"과 다름없을 것이기 때문이다. 즉 그리스도교는 현실에서 좀처럼 삶의 의미와 가치를 발견하지 못하며, 이 세상을 지옥처럼 고통스러운 곳으로 간주한다.

앞서도 언급했지만, 니체는 모든 종교에 대해 의혹과 비판의 눈초리를 거두지 않았다. 니체에 따르면 그리스도교를 비롯하여 불교를 포함한 모든 종교의 배후에 허무주의가 도사리고 있다. 왜냐하면 종교마다 정도의 차이는 있을지언정, 모든 종교가 현실을 무의미하고 무가치한 거짓·가상·공허와 같은 것으로 간주하면서, 저 너머에 있는 초월적 세계를 동경하기 때문이다. 그래서 우리는 『안티크리스트』를 협소한 시각에서 그리스도교에 대한 비판에만 국한하여 읽기보다는, 니체의 관점을 적용할 수 있는 다양한 사례를 발굴하기를 시도할 필요가 있다. 그래야만 특정 종교에 대한 다분히 악의적인 비난이 아니라, 시대와 문화를 관통하여 인간의 삶을 조명하는 철학 고전으로서의 의의를 발견할 수 있기 때문이다.

그런 맥락에서 먼저 불교의 경우를 살펴보자. 그리스도교 신자라면 누구나 「주기도문」과 「사도신경」을 외우고 있는 것처럼, 한국에서 불교 신자라면 누구나 암송하는 짧은 경전이 바로 『반야심경般若心經』이다. 이 경전의 마지막 부분에는 "아제 아제 바라아제 바라승아제揭諦 揭諦 波羅揭諦 波羅僧揭諦"라는 유명한 구절이 있다. 여러 의미로 새길 수 있다고 하는데, 그중 가장 대표적인 해석은 "가세, 가세, 저 너머로 가세, 모두 저 너머로 가세"다. 즉 감각을 통해 경험하는 차안으로서의 현실은 비진리의 세계이며 허망한 것이므로, 해탈을 통해 깨달음과 진리의 세계인 '피안'으로 넘어가야만 한다는 것이다. 이것만 보더라도 현실을 부정하는 불교의 허무주의적 성격을 확인할 수 있다.

그런데 『반야심경』에는 "색즉시공 공즉시색色卽是空 空卽是色"이라는 유명한 구절이 있다. 진리와 현실이 다르지 않으며,

'색色'이라는 삶의 현장이 곧 '공空'이라는 깨달음의 자리라는 뜻이다. 그런 점에서 불교 역시 근본적으로는 허무주의에서 벗어날 수 없는 것은 사실이지만, 그럼에도 피안에서의 열반만큼이나 차안에서의 삶 역시 중요하다는 입장으로 간주할 여지가 없지는 않아 보인다. 실제로 니체 역시『안티크리스트』에서 그리스도교에 비해 불교를 그나마 조금은 더 긍정적으로 평가한다. 그래서 우리는 불교보다는, 유대교·그리스도교처럼 유일신을 숭배하는 이슬람교를 살펴보는 것이 더 적절할 수 있다.

이슬람교는 평화라는 보편적 가치를 지향하는 세계 3대 종교 중의 하나로 알려져 있다. 하지만 이슬람교 종파 내에서는 이른바 근본주의라고 불리는 매우 극단적인 신앙을 추종하는 집단이 존재한다. 이들은 엄격한 계율 속에서 감시와 처벌에 의해 통제된 삶을 살아가고 있으며, 또 이러한 규율을 타인에게도 강요한다. 이슬람 극단주의는 '지하드(聖戰)'라고 하여 적대 세력에게 타격을 입히는 것을 절대적 가치로 신봉하는 더욱 극렬한 형태를 띠기도 한다. 미국을 상대로 전쟁을 벌인 이슬람국가ISIS의 어느 지도자는 전투에서 궁지에 몰려

도망치다가, 끝내 자신의 어린 두 자녀에게 폭탄이 설치된 조끼를 입힌 후 함께 생을 마감하기도 했다.

여기서 나는 미국의 세계 패권 전략이 정당한지와 같은 지정학적 고려는 논외로, 즉 '현상학적으로 판단중지' 하겠다. 내가 문제를 제기하고 싶은 것은, 눈에 넣어도 아프지 않을 생때같은 자식마저 죽음으로 몰아넣는 끔찍한 행위의 동기다. "개똥밭에 굴러도 저승보다 이승이 낫다"는 속담도 있는데, 백번 양보해서 스스로 생명을 포기하는 것은 본인의 신념에 따른 선택이라 하더라도, 아무것도 모르는 어린이의 목숨마저 희생시키는 것을 정당화하는 극단주의자의 심리적 기제는 무엇일까? 니체의 관점을 적용해 보면, 불만족스럽고 괴로운 삶의 원인을 미국이 지배하는 세계 질서 탓으로 돌리는 데에 문제가 있는 것이다. 즉 절대 악인 미국에 맞서는 전쟁은 절대적으로 선한 사명에 의한 것이며, 성전을 수행한 전사는 죽어서도 신에 의해 구원받을 것이라는 확고한 믿음이 전제되어 있지 않고서야 위와 같이 끔찍하고 잔혹한 일을 감행하기는 불가능하다.

여기서 우리는 생명·삶·현실을 무의미·무가치한 것으로

간주하는 현실도피로서의 니힐리즘이, 현실 너머 천국에서의 영원한 행복이라는 보상을 기대하는 심리와 동전의 양면처럼 절묘하게 결합되어 있음을 확인할 수 있다. 이러한 맥락을 고려하면서, 그리스도교가 허무주의적 종교라는 니체의 말을 검토해 보기로 하자. 그런데 이슬람교에서도 극단주의적 종파를 예시로 들었으니, 그리스도교에서도 극단주의적 종파를 상정해 보는 것이 "정치적으로 올바를" 것 같다.

극단주의적 형태를 띠는 그리스도교의 입장에서 죄악으로 물든 현실 세계는 부정해야만 하는 대상이다. 눈물과 괴로움에서 벗어나는 길은 오직 절대자 하느님의 구원뿐이다. 신의 은총을 통해서만 인간은 악이 지배하는 속세를 벗어나 영원한 즐거움이 있는 하늘나라로 갈 수 있다. 그런데 모든 인간이 구원받는 것은 아니다. 신의 은총에는 자격이 필요하다. 그 자격은 믿음과 눈물에 비례하여 주어진다. 삶에서 괴로움과 슬픔을 많이 겪은 '마음이 가난한 자'는 하느님의 사랑을 받을 자격이 있다. 반면 현실에서 부와 권세를 누린 자가 천국에 들어가는 것은 여간해서는 허락되지 않는다. 그러니까 최후의 심판 이후에 '구원의 복'을 받을 선한 사람과 '지옥의 벌'을 받을 악한 사람은 본질적으로 구분된다. "예수 천국, 불신 지옥"이란 말이 단적으로 보여 주는 것처럼 이른바 '믿는 사람'과 '믿지 않는 사람'이 같을 수는 없다. 더 정확히 말하면 양자가 결코 같아서는 안 된다.

교회의 가르침을 맹목적으로 따르는 신도는 선·악과 죄·벌 그리고 구원·은총 및 천국·지옥에 관한 교리를 진리로 간주한다. 하지만 니체의 관점에서 이들은 전형적인 데카당스에 지나지 않는다. 왜냐하면 슬픔과 고통과 무기력에 사로잡혀 있는 약자이기에, 이 세상을 부정하고 공중누각과도 같은 유토피아에서 자기 위안과 대리만족을 찾기 때문이다. 즉 이들은 "참이라서 그것을 믿는 것이 아니라, 믿고 싶은 것을 참이라고 부른다." 자신이 당면한 삶의 문제를 스스로 해결하거나 극복할 충분한 힘을 지니고 있지 않기에, 더 정확하게는 그러한 사실을 아예 인정하고 싶지 않아서, 허구적 관념과 공상으로 지은 초현실적 세계에서 영원한 승리를 갈망하는 것이다. 한마디로, 죽어서 천국에 가는 것이 유일한 낙이자 삶의 목표가 된다.

물론 이러한 승리는 '최후의 심판'을 전제로 한다. 현실적으로 무력한 약자는 도덕적으로 우월한 강자가 되기를 원한다. 도덕적으로 우월하다는 것의 근거는 올바름과 선함이다. 즉 도덕적 올바름과 선함이야말로 현실 세계의 약자를 관념 세계의 강자로 단번에 둔갑시키는 '마법의 요술봉'인 것이다. "우리처럼 선하고 올바른 사람이 현실에서 슬픔과 고통을 겪다니 어찌 잘못이 아니겠는가? 신이시여, 저희는 순종하며 하느님의 권능을 믿사오니 저희를 구원하여 주소서. 그리고 하느님을 믿지 않는 죄인들과 저희를 핍박하는 악한 자들을 벌하소서. 저희는 정의로운 심판이 도래할 것을 굳게 믿습니다. 아멘."

그러나 니체는 이러한 사고방식이 처음부터 단추를 잘못 끼웠다고 지적한다. 왜냐하면 문제의 원인을 엉뚱한 곳으로 돌리고 있기 때문이다. 그들이 삶에서 고통을 겪는 이유는, 그들이 선해서가 아니라 약해서다. 약한 자가 곧 선한 자라니 이게 무슨 상식과 직관에 반하는 논리인가? 약한 자가 선한 자일 수도 있을 것이다. 강한 자 중에 나쁜 사람이 없지 않은 것처럼, 약하지만 착한 사람도 없지는 않을 테니 말이다. 그러나 백번 양보하더라도 "약하기 때문에 선하다"는 '인과관계(-때문에'의 설정은 아무래도 억지처럼 들린다. 누군가의 삶이 불만족스럽고 괴롭다는 사실로부터, 어찌 그가 올바르고 선하다는 평가가 자동적으로 도출된다는 말인가? 이러한 논리적 비약은 왜곡된 '가치 전도'를 통해서만 가능하다.

문제의 원인에 대한 진단이 솔직하지 못하기 때문에, 자연스러운 귀결로서 문제에 대처하는 방식 역시 정직하지 못하다. 이들이 부르짖는 정의의 심판은, 도덕적으로 선함에도 고통을 겪고 있는 자신들의 삶이 부당하고 억울하니, 죽어서라도 이를 완전히 상쇄하고도 남을 보상을 달라는 것 아닌가? 죄악에 물든 이 저주받은 지상의 세계가 철저하게 종말을 고한 대가로 누리게 될 완전하고도 영원한 천상의 즐거움을 갈망하면서 말이다. 도덕적 정당화로서 정의라는 탈을 쓰고 나타나는 최후의 심판이란, 실상 자신의 힘으로는 현실에서의 삶을 개선할 수 없어 신세를 한탄하는 약자의 한풀이를 위한 푸닥거리, 즉 니힐리즘의 넋두리인 셈이다.

8. 죄의식

독자는 니체의 말이 틀렸다고 다음과 같이 반박할 수 있다. 그리스도교는 결코 남 탓을 하라고 가르치지 않는다고 말이다. 오히려 "내 탓이오, 내 탓이오, 내 큰 탓입니다"라는 가톨릭 미사의 참회 기도가 보여 주는 것처럼, 그리스도교는 '내 탓'을 할 뿐 결코 '남 탓'을 하지 않는 종교라는 것이다. 마치 『논어』에서 공자가 "군자는 문제의 원인을 자신에게서 찾지만, 소인은 그것을 도리어 남에게서 찾는다(君子求諸己 小人求諸人)"고 말한 것처럼, 예수의 가르침을 따르는 참된 신앙인이라면 자신을 탓할지언정 남에게 책임을 전가하지는 않을 것이다.

『안티크리스트』를 해설하는 입장에서 부득이 니체의 관점을 전유하지 않을 수 없지만, 개인적으로 나는 그리스도교의 진실함을 믿으며 존중한다. 그럼에도 참회 기도의 "내 탓이오"에 대해서는 좀 더 생각해 볼 필요가 있다. 자신을 되돌아보는 성찰로서의 반성은 인간을 도덕적 존재이게끔 하는 중요한 능력이다. 하지만 반성에도 적절한 정도가 있다. 명백히 내가 잘못을 저지른 일에 대해서는 마땅히 그에 상응하는 책임을 져야만 할 것이다. 하지만 과도한 자기반성은 사람을 의기소침하게 만든다. 자신이 책임지지 않아도 될 일까지 마치 내 잘못인 것처럼 눈치를 보게 되고, 필요 이상으로 양심의 가책을 느끼면 사람은 점점 주눅 들게 마련이다. 이러한 삶의 태도가 신경쇠약에 이를 만큼 극단화되면 이윽고 죄의식에 사로잡힌다.

원한 감정과 더불어 그리스도교의 심리학을 구성하는 또 다른 기제가 바로 이 "죄의식"이다. 죄의식은 일견 원한 감정과 상반되는 방향성을 지니는 것처럼 보이기도 한다. 후자가 불만족스러운 삶의 원인을 외부에서 찾는 것임에 반해, 전자는 그 원인을 내면에서 찾기 때문이다. 그러나 니체의 관점에서 보기에 실상 양자는 그다지 다르지 않다. 왜냐하면 '원심력'에 의해 끝없이 남을 탓하는 원한의 화살을, '구심력'으로 전환하여 한없이 자신을 탓하는 것이 바로 죄의식이기 때문이다. 그런 점에서 '악'을 외치면서 외부에서 남의 탓을 하는 원한 감정과 '죄'를 말하면서 내부에서 나의 탓을 하는 죄의식은, 데카당스를 구성하는 동전의 양면과도 같다. 다시 말해 죄의식은 원한 감정의 거울상에 비유되는 것으로, 비록 상반된 양상으로 작용하긴 하나 데카당스라는 동일한 뿌리에서 자라난 마음의 질병인 셈이다.

죄의식이란 무엇인가? 죄를 지은 것에 대한 '양심의 가책'이다. 삶에서 일어나는 모든 일은 전부 다 내가 잘못을 범한 결과가 된다. 삶이 비참하고 괴로운 것은 내가 죄를 지었기 때문이다. 죄는 왜 짓는가? 나쁜 유혹에 빠졌거나 악에 물들었기 때문이다. 앞서 5절에서 강조했던 것처럼, '나쁨'이 '악'으로 가치가 전도되면서 발생하는 뉘앙스의 차이에 유의하자. 즉 그리스도교인에게 삶이 괴로운 것은 단지 '나쁜' 상태에 처해 있어서가 아니라, '악'을 뿌리치지 못하고 '죄'를 범했기 때문이다. 이미 죄악이라는 개념 자체가 초월적 존재나 외부의 원인을 상정하고, 더 이상 자력으로는 회생이나 개선이 불가능할 것 같은 도덕적 낙인을 찍는 셈이다.

물론 그리스도교에서는 단연코 그렇지 않다고 반박할 것이다. "인간은 살아가면서 모두 크고 작은 죄를 저지른다. 그러나 언제든지 예수를 믿고 회개하면 누구든 죄에서 벗어날 수 있다. 왜냐하면 그것이야말로 예수의 보혈을 통한 인류 구원의 참된 의미이기 때문이다." 하지만 그럼에도 명쾌하게 해소되지 않는 고약한 문제는, 그리스도교가 상정하는 죄라는 것이 내가 실제로 저지른 잘못된 행동에만 국한되지 않는다는 데에 있다. 심지어 아무 잘못을 저지르지 않아도, 원리상 죄를 면할 가능성이 전혀 존재하지 않는다. 왜냐하면 근본적으로 인간은 태어나면서부터 원죄를 짓고 태어난 죄인이기 때문이다. 앞서 2절에서 언급한 것처럼, 방금 갓 태어난 신생아마저도 교리상으로는 죄를 면할 수가 없다. 즉 인간에게는 숙명적으로 죄인이라는 낙인이 찍혀 있으며, 자구책으로 죄악의 굴레와 속박에서 벗어날 가능성이 처음부터 박탈되어 있다.

그런데 여기서 우리는 데카당스의 또 다른 중요한 측면인 '평등주의'에 대해서도 생각해 볼 필요가 있다. 본디 '가톨릭 catholic'이라는 말은 '보편적·일반적'이라는 뜻이다. 인간에 대한 신의 사랑은 그 어떠한 차별도 없으며 누구에게나 평등하다는 말이다. 보편적 사랑으로서의 인류애가 바로 예수가 전한 복음의 핵심인 것이다. "너 자신을 사랑하고, 너 자신을 사랑하는 것처럼 다른 모든 이를 사랑하라. 그러면 천국은 이미 너희의 것이다." 분명히 말하거니와 니체에 따르면, 예수 자신은 이 세상을 벗어나 죽어서 천국으로 가야 한다고 말하지 않았다. 오히려 "모든 이가 자신을 사랑하고 타인을 내 몸과 같이 사랑하며 이처럼 모든 이가 서로 사랑하며 살아갈 때, 바로 여기에서 천국이 실현된 것이다"라고 가르쳤다. 다시 말해 현실을 초월하여 존재하는 하늘나라가 아니라 천국이 현실로 이루어진 지상에서, 서로 사랑하는 모든 인류가 하느님의 자녀로서 평등하다는 것이었다.

그런데 니체에 따르면, 예수의 가르침은 모든 인류가 죄인으로서 평등하다는 교리로 둔갑하고 말았다. 인간이라는 존재가 보편적·일반적으로 죄를 짓는 자로서 너나없이 "모두가 죄인이라는 점에서 평등하다"라는 뜻으로 곡해되어 버린 것이다. 바로 여기에 그리스도교의 평등주의가 지닌 교묘한 이중성이 있다. 내적으로 느끼는 양심의 가책인 죄의식은 외적으로 평등한 죄의 보편성과 결합하여, 묘하게 사람의 마음을 편안하게 해 주는 작용을 한다. 아니, 편안하게 해 준다기보다는 차라리 "거짓 위안을 준다"라는 표현이 좀 더 적절한 것 같다. 어떤 점에서 그러한가? 이렇게 삶이 괴로운 것이 나만은 아니라는 데에서 오는 위로다. 더 정확하게 말하면, 죄를 지은 자가 오직 나만은 아니라는 데에서 마음이 놓이는 안도다. 그러니까 이 세상의 모든 사람이 일반적으로 ─그것도 심지어 태어날 때부터 근원적으로─ 죄인이라는 사실이, 양심의 가책을 조금은 덜어 주는 것과 같은 '플라시보 효과'를 낳는 것이다.

더 정확한 비유로 말하면, 죄의 보편성은 일종의 '공범 의식'을 낳는 셈이다. 피의자가 수사를 받을 때 단독범행을 인정하는 것보다는 공동범행을 주장하는 것이 형량을 줄이는 꼼수가 된다. 반드시 형량의 감경을 위한 것이 아니더라도, '물귀신 작전'이라는 관용어처럼 내가 처한 상황에 누군가를 끌어들임으로써 얻게 되는 심리적 부담의 완화가 있다. 그런 점에서 그리스도교가 강조하는 죄의식은 교묘하다 싶을 정도로 이중적이다. 한편으로는 죄의식을 통해 자신을 가혹하게 몰아붙여 책임을 추궁하는 듯 보이지만, 다른 한편으로는 평등주의의 외피 안에서 진정한 자기 책임을 회피한다. 살아가다 보면 "이 문제는 우리 모두의 책임이다"라는 말을 적지 않게 듣게 되는데, 오히려 누군가가 이러한 말을 강조할수록 실상 "이 문제는 그 어느 누구의 책임도 아니다"라는 '물타기'와 책임 회피의 혐의만 짙어지는 셈이다.

죄의 보편성에 기초한 평등주의는 절대자에 의한 구원이라는 교리를 강화한다. 나나 너나 스스로 문제를 해결하고 삶을 개선할 수 없는 처지에 놓인 것은 마찬가지다. 이 세상에 특별히 더 나은 사람은 존재하지 않는다. 이 현실에서는 탁월한 사람이 존재할 수 없다. 예수는 '사람의 아들'이 아니라, '신의 아들'이다. 따라서 그분과의 비교는 부당할 뿐만 아니라 애당초 불가능하다. 사람은 사람과만 비교할 수 있는 것이다. 그런데 현실에 존재하는 강한 사람, 고귀한 사람, 아름다운 사람도 똑같이 죄인에 불과하다는 점에서, 인간은 모두가 보잘 것없이 평등하다. 그러니 현실에서 더 나은 삶을 위한 답을 구하는 것은 부질없으며 무의미하다.

그런데 아이러니하게도, 이처럼 자구책이 존재하지 않는다는 이유에서 마음이 한결 가벼워진다. 왜냐하면 잘 살아가기 위해, 더 나은 존재가 되기 위해 아등바등 애쓰며 분투할 필요가 없기 때문이다. 오직 "예수 천국, 불신 지옥"을 소리 높여 외치고 절대자 하느님에게 만사를 의탁함으로써, 천국으로의 구원을 바라기만 하면 되는 것이다. 거리낌 없이 하고 싶은 대로 하며 살다가 일요일에 하루 교회에 나가 신에게 드리는 기도는 마치 돈을 주고 사는 '면죄부'처럼 '천국행'을 보장하는, 얼마나 손쉽고 간단하면서도 편리하기까지 한 만사형통의 길이란 말인가?

9. 흡혈귀와 기생충

앞서 나는 유대교의 프레임에서 벗어나지 못한 그리스도교의 한계를 지적했다. 니체는 예수의 가르침이 죄와 벌의 논리로 변질되어 그리스도교 교회와 교리가 확립되었다고 보았다. 그런데 니체에 따르면, 이러한 교회를 통해 전도와 포교를 일종의 사업으로 만들어 이윤을 얻고 권력을 누리는 자가 바로 사제·성직자다. 즉 이들은 "인간은 모두 죄인"이라며 평등주의를 내세우지만, "그래도 나는 너보다 우월한 존재"라며 평등주의를 거부한다는 점에서 한층 더 교묘하게 왜곡된 데카당스인 셈이다.

니체에 따르면, 신의 말씀을 선전하는 사제는 현실을 부정하라고 가르친다. 현실에 존재하는 좋은 것은 모두 헛되고 부질없는 무가치한 것이며, 그러므로 그것을 탐하여 누리는 것은 도덕적으로 죄를 짓는 일이다. 교회와 사제가 사람들을 지배하고 조종하는 무기는 바로 죄의식이다. 숙명적으로 죄로부터 헤어날 수 없는 인간이 문제를 해결할 대안은 신의 은총에 의한 구원을 바라는 것밖에 없다. 교회에 맹목적으로 헌신하고 사제에 절대적으로 의존하게 만드는 이유가 여기에 있다.

물론 나는 직업이 성직자라고 해서 전부 비판을 받아야 한다고 생각하지 않는다. 실제로 주위를 둘러보아도, 독실하게 신앙생활을 하는 교인들뿐만 아니라 진실하면서도 존경할 만한 성직자 역시 많이 찾아볼 수 있다. 그런 점에서 니체의 비판은 매우 부적절하고 불경스러우며, 나 역시 니체의 견해가 공정하지 못하다고 생각한다. 그렇다고 하더라도, 그리스도교에 대한 니체의 비판이 터무니없는 요설에 불과하다고 치부할 수만은 없을 것 같다. 왜냐하면 사람들의 자유를 억압하며 맹목적인 믿음을 강요하거나 교주가 자신을 신격화하면서 절대권력을 행사하는 등의 종교 관련 뉴스를 접할 때마다, 나는 너무나도 자연스럽게 『안티크리스트』가 떠오르기 때문이다.

그러니까 독자 중에 혹시라도 니체의 비판이 거슬리거나

불편한 사람이 있다면, 니체의 관점을 정통적이고 온건한 그리스도교가 아니라 매우 극단적인 형태의 종파 또는 그리스도교를 표방하는 온갖 종류의 사이비·유사 종교에 적용하여 보기를 권한다. 물론 그리스도교에만 국한되는 문제는 아니고 실상 모든 종교가 마찬가지이지만, 언론을 통해 보도되는 각종 종교 관련 범죄 사건, 특히 그리스도교 계열에서 구세주를 표방하는 일부 사이비·유사 종교의 사례에 대입해 보면, 니체가 경고하는 맹목적 신앙의 위험성을 이해할 수 있을 것이다. 단적으로, 2023년 넷플릭스를 통해 공개된 다큐멘터리 시리즈 〈나는 신(神)이다〉에 적용해 보라.

사이비·유사 종교가 사람들을 포섭하는 전략에는 공통적인 문법이 있다. 우선 내가 처한 문제의 심각성을 필요 이상으로 과장하면서, 객관적인 원인을 직시하지 못하게 족쇄를 채운다. 부주의해서 자동차 사고가 났을 뿐인데도 마귀가 붙어 그렇다고 몰아가거나, 노력한 만큼 일이 잘 안 풀리면 돌아가신 조상님의 풀리지 않은 한이나 노여움 때문에 그렇다고 원인을 돌린다. 일단 문제를 바라보는 기본적 프레임이 이런 방식으로 짜이면, 그것의 해결을 위한 자구책은 존재하지 않는다. 왜냐하면 문제의 원인을 외부에 설정했으므로, 그 요인의 제거는 내 능력에 달린 것이 아니기 때문이다.

이러한 '가스라이팅'을 통해 종교는 나를 지극히 수동적이고 나약하고 무력한 존재라고 믿게 만든다. 나는 스스로 문제를 해결하거나 극복할 힘이 없다. 그러므로 문제의 원인을 제거하기 위해서는 전적으로 외부에서 해법을 찾아야만 한다. 원죄에 대해서는 구세주를 통한 죄의 사함이, 사악한 악마에 대해서는 신의 권능이, 들러붙은 귀신에 대해서는 영험한 무당의 살풀이와 액막이 부적이, 불멸과 영락을 위해서는 절대자에 의한 구원이 필요하다. 그런데 이러한 일은 결코 공짜가 아니며 반드시 대가를 요구한다. 대체로는 헌금·시주·보시·정성이라는 이름을 붙여 적지 않은 금전적 비용을 청구하곤 하지만, 더 심각하게는 재산과 직장이나 가족은 물론 개인적인 삶 일체를 저버리고 오직 종교에만 헌신하기를 요구하기도 한다.

그럼에도 이들 중에 진정으로 마음의 평온과 삶의 안정을 얻는 경우가 많지 않다는 데에 문제의 심각성이 있다. 평생 일군 재산을 교단에 헌납하는 것은 물론, 가족의 인연마저 저

버리고 오로지 인생의 목적과 의미를 신앙에서 구하는 극단적인 경우도 드물지 않다. 종교에 전적으로 의지하고 매달릴수록 현실의 삶은 더더욱 안 좋은 상황으로 빠져드는데도, 오히려 그럴수록 보상에 대한 기대심리가 커져서 더욱더 절박하게 교회에 매달리게 된다. 도박꾼이 판돈을 잃어도 자리를 뜨지 못하는 이유가 본전 생각 때문인 것처럼, 기왕에 바친 것이 많으면 많을수록 이를 단번에 만회할 수 있는 보상에 대한 기대심리도 더욱 커지는 법이다. 빈털터리가 된 자신의 초라한 모습을 직시하고 싶지 않은 노름꾼이 다음 판에는 그동안 잃은 것을 전부 만회할 수 있다며 확신을 강화하는 것과, 종교에 과몰입된 신자가 죽어서 반드시 천국에 갈 수 있다며 믿음을 강화하는 것 사이의 거리는 그다지 멀지 않아 보인다. 현실의 삶으로부터 도피하여 고통을 상쇄할 보상을 기대하며 망상을 품는다는 점에서 양자는 본질적으로 유사한 심리적 메커니즘인 셈이다.

한 발짝 떨어져서 바라보면 객관적으로 납득이 안 가는 일임을 눈치챌 수 있는데도 종교에 대한 맹종에서 벗어나지 못하는 이유를 단지 세뇌 탓이라고 진단할 수만은 없을 것이다.

문자 그대로 '세뇌'가 '뇌를 씻어 낼' 정도로 사상이나 믿음을 주입하는 것이라면, 그것은 외부로부터의 입력만으로 되는 것이 아니며, 그것을 수용할 수 있는 내면의 상태 역시 전제되어야 한다. 즉 자신이 삶의 문제를 스스로 해결하거나 극복할 수 없는 나약한 존재라는 확고한 믿음 위에서만 종교의 세뇌도 가능한 것이다. 하지만 이러한 점을 참작하더라도 성직자의 책임이 감면되지는 않는다. 왜냐하면 신도를 이런 지경으로까지 몰아넣는 것은 바로 신앙의 권위를 팔아 사람들의 삶을 갉아먹고 착취하는 사제이기 때문이다. 즉 니체에 따르면, 교회는 하느님의 권능과 심판을 앞세워 자신의 권력을 강화하고 사업적 이득을 갈취한다.

절묘하게도 이 책을 쓰는 2024년, 공포 영화의 고전 오멘 Omen 시리즈의 프리퀄로 〈오멘: 저주의 시작〉이라는 제목의 영화가 개봉하였다. 그리스도교의 권위가 땅에 떨어지고 더이상 인류가 신을 두려워하지 않게 되자, 비의秘儀를 숭배하는 교회 내 일군의 집단이 이윽고 지옥으로부터 '악마'를 소환하기에 이른다. 이 세상에 악마가 실제로 존재해야지만 인류가 그리스도교 신앙으로부터 멀어지지 않고 교회가 권위를 회복할 수 있다는 기상천외한 논리로, 아예 가톨릭의 사제가 앞장서서 숫자 666으로 상징되는 가공할 만한 힘을 지닌 악의 화신, 즉 '안티크리스트'를 실제로 만들어 낸 것이다. 이 사건이 바로 「요한계시록」이 예언하는 인류 멸망의 서막으로서, 이후 전개되는 시리즈 전체 서사의 기원이 된다.

물론 극 중에서 '안티크리스트'는 실체적 존재로서의 악마를 가리킨다. 반면에 니체의 '안티크리스트'는 그리스도교라는 종교적 프레임에서 해방된 인류를 지칭한다. 그런 점에서 영화에서의 안티크리스트를 직접적으로 니체와 연결하기에는 분명 무리가 있다. 그럼에도 나는 니체가 교회와 사제를 비판하는 맥락에서, 위 영화와 연결하여 해석해 볼 결정적인 대목이 있다고 생각한다. 이 괴기스러운 영화의 내용이 어떻게 니체 철학의 '계보학적 영감靈感'을 대변하는가?

그리스도교는 '죄'와 '악'을 멸하려 하지 않는다. 아니, 결코 멸해서는 안 된다. 왜냐하면 그리스도교가 존립하기 위해서는 그것의 '대립물counterpart'이 반드시 필요하기 때문이다. 교회는 실제 존재하는 죄·악을 물리치기 위해서 신에게 심판과 구원을 갈구하는 것이 아니다. 오히려 니체에 따르면, 교회는 신에 의한 심판과 구원의 교리를 진리로 선전하기 위한 목적에서 죄·악의 개념을 고안하고 창작했다. 엄밀히 말하자면 그리스도교 교리 안에서, 죄·악과 신에 의한 구원은 "적대적 공생관계" 속에서만 존립하는 '상호의존적' 개념이다. 악이 있어야 선이 있고 죄가 있어야 구원이 있게 되는 것처럼, 후자를 정당화하기 위한 필요에서 전자가 요청된다. 즉 니체의 계보학에 따르면, 죄·악은 철저하게 교회의 권위와 사제의 이익을 위해 착안되고 날조된 허구적 개념에 불과한 것이다.

교회는 이런 식으로 가공된 죄·악의 개념을 통해서 사람들을 지배한다. 멀쩡한 사람을 죄인으로 낙인찍어 몰아붙이고, 굳이 느끼지 않아도 되는 죄의식을 강화한다. 그리고 구원은 신을 통해서, 아니 신과 소통하는 사제를 통해서만 가능하다고 세뇌한다. 생선을 기절시켜야만 회를 뜨기가 수월하듯, 숨을 죽여 도마에 올려야만 마음대로 요리해서 조종할 수 있다. 그런 까닭에 니체는 교회의 사제를 "기생충" 또는 "흡혈귀"에 비유한다. 물론 이들이 빨아들이는 것이 문자 그대로 혈관을 흐르는 붉은 피는 아닐 것이다. 니체의 비판을 레토릭으로 받아들이지 못하고 즉물적으로 해석하게 되면 성직자가 실제로 뱀파이어라는, 영화 못지않은 괴기스러운 결론에 이른다. 니체의 문장은 상징적으로 이해해야 한다. 즉 교회와 사제가 갈취하는 것은 사람들의 '생명력', 그러니까 스스로 운명을 개척하겠다고 하는 '건강한 의지'다.

신과 교회와 사제에 맹목적으로 의존할수록, 자신이 삶의 진정한 주인이 되어 당면한 문제를 해결하고 그 과정을 통해 스스로 성장·발전하겠다고 하는, 생명력과 건강한 의지가 점점 고갈되기에 이른다. 그렇지 않아도 힘들게 살아가는 사람들이 의지할 곳을 찾아 교회를 찾았는데, 정작 교회가 삶을 스스로 바꿀 수 있다고 하는 일말의 가능성마저 원천적으로 박탈해 버리는 셈이다. 니체가 말한 데카당스란 바로 이러한 상태를 지칭하는 것이고, 이것은 인간 존재의 퇴행을 뜻할 뿐이다. 그런 점에서 성직자·사제는 직업적으로 인간의 몰락을 재촉하는 흡혈귀·기생충인 것이다.

그런데 혹자는 이렇게 반문할지 모른다. "사제의 전도와 포교는 전적으로 선의에서 비롯된 것이다. 사제는 그리스도교의 교리를 진정으로 참된 진리라고 믿는다. 따라서 자신이 믿는 것을 다른 사람에게 전도하고 함께 바르고 선한 진리의 길로 나아가는 것은 숭고한 일이지 비난받을 일이 아니다." 이러한 반론의 핵심은 성직자가 사람들을 의도적으로 속이고 이용하기 위해서 소위 "교리를 팔아 장사를 하는" 것이 아니라, 진정한 선의에 따라 참이라고 믿는 진리를 전한다고 보는 데에 있다. 바꾸어 말하면, 그리스도교가 거짓임을 알면서도 사람들을 기만하여 참이라고 선전하는 것이 아니라, 성직자 역시 진심으로 참이라고 여기는 진리를 믿는다는 것이다.

만일 그리스도교가 거짓임을 알면서도 자신의 권력·부·명예를 획책하기 위한 수단으로 타인을 호도하여 참이라고 선전한다면 사제는 명백히 '사기'의 범죄를 저지르는 것이 된다. 하지만 사제가 그리스도교를 순수하게 참이라고 믿는다 하더라도, 그것 역시 자신도 모르게 자신을 속이는 '자기기만'에 지나지 않는다. 즉 일반 신도와 조금도 다를 바 없는 데카당스인 것이다. 그럼에도 데카당스가 약자의 불만족·무기력에서 기인한다면, 성직자는 적어도 일반 신도가 빠져 있는 데카당스와는 다른 삶, 데카당스에서 벗어난 삶을 살아가고 있는 것은 아닌가? 비록 신도들을 세뇌하든 착취하든 간에 그것으로부터 권력·부·명예 등 이른바 현실적으로 좋은 것을 얻어 내서 누리고 있다면, 성직자는 그 나름대로 삶의 의지·열정을 발휘하며 살아간다고 보아야만 하는 것은 아닐까? 그런 점에서 우리는 사제를 가리켜 '노예의 도덕'으로 살아가는 약자가 아니라, '귀족의 도덕'으로 살아가는 강자라고 말해야만 하는 것 아닌가?

하지만 내가 보기에 사제의 삶을 이끌어 가는 의지는 니체가 말하는 '귀족의 도덕'이 아니고, 오히려 또 다른 유형의 데카당스에 불과하다. 왜냐하면 니체에 따르면, 성직자의 삶을 추동하는 의지는 건강한 의지가 아니라 '비틀린 의지'이기 때문이다. 다시 말해 이들이 삶에서 강력한 의지를 지니고 있기는 하다. 그들은 더 높은 지위, 더 높은 권력, 더 높은 부, 하다못해 천국에 더 가까이 있는 존재가 되기를 열렬하게 추구하며 살아가고 있는 것은 사실이다. 그러나 문제는 의지의 강도가 아니라 의지의 내용과 방향이다.

첫째, 내용의 측면에서 성직자의 의지는 건강하지 못하다. 말하자면 병이 든 것이다. 우리는 몸 상태가 온전치 않은 환자가 괴팍한 방식으로 의지를 관철하려 하는 모습을 목격할 때가 있다. 이러한 의지가, 누군가 자신보다 나은 처지에 있다는 것에 대한 시기, 그로 인해 내가 피해를 보았다는 억울함, 나도 힘을 길러 당한 만큼 반드시 되갚겠다는 복수심을 아우르는 것이라면, 그것은 니체가 말하는 원한 감정으로서의 가치 전도와 크게 다르지 않을 것이다. "부러우면 지는 것"이라는 말이 있는 것처럼, 좋은 것으로부터 소외된 현실에서의 삶을 종교 권력을 빌려 보상하려는 의지는, 그것이 아무리 강력하다 하더라도 근본적으로는 이미 상실·패배·무력감의 발로일 뿐이다.

둘째, 사제의 의지는 방향도 잘못되어 있다. 이들은 사람들이 데카당스의 늪에서 헤어 나오지 못하도록 세뇌를 통해 믿음을 확대·재생산한다는 점에서 악질적이다. 니체의 비유에서 간과해서는 안 되는 점은, 바로 흡혈귀·기생충이라는 존재란 다른 사람의 피를 빨지 않으면 독자적인 생존이 불가능하다는 사실이다. 문자 그대로 '스스로 일어선다'는 의미에서의 '자립'이 원리상 가능하지 않기 때문이다. 즉 이들은 자신의 의지에 따라 온전히 그리고 독립적으로 자신의 삶을 살아갈 수가 없고, 오히려 자신에게 의탁하는 신도의 삶에 의존한다. 무슨 말이냐 하면, 따르는 신도가 없으면 사제 역시 자신이 누리고 있는 권력의 존립 근거를 상실하고 만다는 뜻이다. 성직자는 신도가 없으면 존립하지 못하면서도, 자신이 존립하는 근거가 되는 신도의 삶을 피폐하게 만들어야만 살 수 있다.

그런 의미에서 무기력에 사로잡혀 있는 다른 이의 삶에, 이른바 신앙이라는 이름의 '빨대를 꽂고' 그들의 '피를 빨아' 생명력(삶의 의지)을 '갈취'하지 않으면 살아갈 수 없는 성직자는, 그저 그런 평범한 데카당스가 아니고 데카당스의 데카당스, 그러니까 이중으로 꼬여 있는 최악의 데카당스인 셈이다.

10. 플라톤의 이성주의

이제까지 우리는 그리스도교에 대한 니체의 비판을 살펴보았다. 그런데 서양 문명의 기저에 있는 니힐리즘은 종교에만 국한되는 것이 아니라 철학에도 스며들어 있다. 이제부터는 현대 문명이 처한 데카당스의 또 다른 기원이 되는 서양철학에 대한 니체의 비판을 살펴보기로 하자.

서양철학은 고대 그리스에서 발원하였다. 앞에서 니체가

고대 그리스·로마의 정신을 동경한다고 말했으니, 서양철학에도 긍정적인 입장을 취하는 것 아니냐는 생각이 들 수 있다. 하지만 그렇지 않다. 왜냐하면 고대 그리스에는 '자연철학'을 비롯하여 '소피스트' 등 다양한 인물과 사상이 출현하여 경쟁하였으나, 결과적으로 소크라테스·플라톤·아리스토텔레스로 계승되는 '이성주의'가 서양철학의 주류로 자리 잡았기 때문이다. 수학자이자 형이상학자인 화이트헤드^{A. Whitehead}가 "서양철학사는 플라톤 철학의 각주에 불과하다"고 평가했을 만큼, 고대 이래 현대에 이르기까지 지난 2,500년간 서양철학은 플라톤의 이성주의가 중심이 되어 지배적인 영향력을 행사해 왔다. 플라톤 철학을 상세히 고찰하는 것은 이 책의 목적을 벗어나는 일이므로, 거칠지만 간략하게 핵심적인 내용만 살펴보기로 하자.

플라톤 철학은 인식론적·존재론적으로 두 차원을 구분한다. 인간이 지닌 영혼의 능력은 감각과 지성으로 구분되는데, 감각^{aisthesis}은 상대성을 벗어나지 못하기에 한낱 주관적 의견 ^{doxa}을 형성할 뿐이지만, 지성^{nous}은 절대성이 확보되는 객관적 지식, 즉 인식^{episteme}을 획득한다. 그렇기에 우리가 감각을 통해 경험하는 삶의 현실은 끊임없이 생성·소멸하는 불완전한 '거짓'과 '가상'의 세계인 반면, 지성을 통해 사유하는 영역은 불변하는 '참'이 존재하는 절대적인 '진리'의 세계다. 이렇게 참된 진리를 플라톤은 '이데아idea'라고 부른다. 도식으로 정리해 보면 다음과 같다.

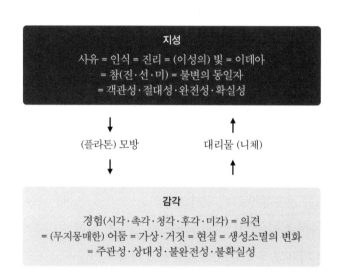

지성
사유 = 인식 = 진리 = (이성의) 빛 = 이데아
= 참(진·선·미) = 불변의 동일자
= 객관성·절대성·완전성·확실성

(플라톤) 모방   대리물 (니체)

감각
경험(시각·촉각·청각·후각·미각) = 의견
= (무지몽매한) 어둠 = 가상·거짓 = 현실 = 생성소멸의 변화
= 주관성·상대성·불완전성·불확실성

우리가 니체를 읽어 가는 맥락에서 중요한 것은, 플라톤이 단순히 인식론·존재론의 관점에서 두 차원을 구분하여 대비

하고 있다는 사실이 아니라, 그가 명백히 양자 사이에 우열에 따른 가치론적 위계를 전제하고 있다는 점이다. 즉 우리가 감각에 의지하여 살아가는 현실은 이데아라는 원본을 모방한 세계에 불과하며, 그런 의미에서 마치 진짜처럼 보이지만 진짜가 아닌 가상의 세계이자, 참인 듯 보이지만 참이 아닌 거짓의 세계, 즉 이성의 빛이 들지 않는 무지몽매한 어둠의 세계다.

바꾸어 말하면 진정한 참이자 진리로서의 이데아를 인식하기 위해서, 우리는 감각에 의존하여 살아가는 경험적 현실을 초월해야만 한다. 어두컴컴한 동굴에 비유되는 한낱 가상에 불과한 현실의 굴레와 속박에서 벗어나 이성의 빛으로 사유할 때, 인간은 육체를 옭아매는 거짓의 사슬을 끊어 내고 진정한 영혼의 해방을 얻게 된다. 마치 그리스도교가 "진리가 너희를 자유롭게 하리라"라고 말하는 것처럼, 플라톤 역시 현실 너머에 있는 이데아의 세계에서 절대적 진리와 더불어 완전한 자유를 누릴 수 있다고 말하는 것이다.

플라톤의 이데아는 인식적 의미에서의 '참(眞)'인 것만이 아니라, 윤리적 의미에서의 '참(善)'임과 동시에 미적 의미에서의 '참(美)'이기도 하다. 그러니까 이데아는 진·선·미의 통일체로서, 모든 좋은 것 중에서 최고로 좋은 것, 즉 '좋은 것 그 자체'를 뜻한다. 그러므로 인간이 살아가는 방식 중에서 최고로 '좋은 삶'이란 이성에 의해 진리를 추구하는 지혜로운 삶, 진정한 참으로서의 이데아를 사유하는 철학자의 삶이다. 그런데 니체는 플라톤 철학의 이러한 입장이 현실을 부정하는 니힐리즘을 배태하고 있다고 지적한다.

인간은 뼈와 살과 피로 구성된 몸을 지닌 살아 있는 존재다. 살아 있는 몸을 지닌 생명체로서의 인간이 감각·본능·욕구·의지를 가지는 것은 자연스러운 일이다. 물론 이것을 일차원적 욕구 충족으로만 이해해서는 곤란하다. 니체는 『도덕의 계보학』에서 고통의 최소화 및 쾌락의 극대화를 인간 행위의 근본원리로 삼는 공리주의功利主義, utilitarianism를 비판한다. 공리주의는 인간을 동물의 수준으로 격하시킨다. 하지만 공리주의에 아무런 의의가 없는 것은 아니다. 적어도 공리주의는 인간이 감각을 지니며 살아가는 존재라는 사실을 솔직하게 인정하기는 한다. 생명을 지닌 존재 그리고 몸을 지닌 존재로서, 인간은 감각 경험에서 출발하여 본능·욕구의 충족, 삶의 만족과 행복을 위해 살아가는 존재라는 것이다.

플라톤의 철학이 추구하는 이상적인 인간 삶은 이에 반대된다. 감각 경험에 의지하여 본능·욕구에 따라 살아가는 것은 지혜로운 삶이 아니며, 도덕적으로도 바람직한 삶이 아니다. 이성주의가 말하는 좋은 삶은 절제를 미덕으로 삼는다. 덕이 있는 절제의 삶을 위해서 우리는 세상이 좋은 것으로 여기는 부·권력·명예를 부질없는 것으로 간주하며 정념과 욕구에 휘둘리지 말아야 한다. 즉 이성을 통해 감정·의지를 억제해야만 하는 것이다. 그런데 니체에 따르면, 이것은 현실을 부정하는 것과 다르지 않다. 플라톤은 현실에서 좋다고 불리는 것이 '참으로 좋은 것(진리)'이 아니라 단지 '좋아 보이는 것(가상)'일 뿐이라고 평가절하하지만, 양자의 우열을 가르는 기준은 플라톤 자신의 자의적 규정 아닌가?

귀족 출신으로 전도유망한 청년이었던 플라톤은 처음에는 정치에 뜻을 두었다가, 스승인 소크라테스가 당시 아테네의 권력자로부터 모함을 받아 억울한 죽음에 이른 일을 계기로 철학에 헌신하게 되었다고 한다. 그렇다면 예수의 죽음을 인정할 수 없었던 제자와 사도가 원한 감정으로부터 허무주의적 성격을 띠는 그리스도교 교리를 발전시켜 체계화한 것처럼, 혹시 플라톤 역시 ―물론 역사적으로는 플라톤이 그리스도교보다 수백 년이 앞서지만― 가치가 전도된 니힐리즘으로서의 이분법적 철학 체계를 고안했던 것은 아닐까? 존경하고 사랑하는 스승을 죽음으로 몰아간 세상에 대한 환멸과 무력한 분노가 현실을 무의미하고 무가치한 거짓·가상에 불과한 것으로 해석하게 함으로써, 저 완전한 이데아의 세계만이 참·진리라는 이론적 설정에서 '대리만족'을 구하고 '정신승리'를 기도하게 했던 것은 아닐까?

플라톤이 『국가』에서 제시하는 철인의 정치는 그야말로 '이상적인 것'이지, '현실적인 것'이 아니다. 물론 현실을 바꾸어 나가기 위해 지향해야 하는 이상을 목표로 제시한 것이라고 볼 수도 있겠으나, 니체의 관점에서 보면 양자의 괴리가 크면 클수록 현실적인 것이 이상적인 것의 '모방'이라기보다는, 오히려 이상이야말로 충족되지 못한 ―원리상 결코 충족될 수가 없고, 충족되어서도 안 되는― 현실의 '대리물'에 불과한 것으로 드러난다. 감각 경험에 대한 이성적 사유의 우위를 자명한 것으로 설정하면서 현실에서 충족되지 못한 삶이 초현실적인 세계에서나마 실현되기를 갈망하는 것, 그리고 동경하는 이데아에 진리를 부여하기 위해서 경험적 현실은 원리상 언제까지나 비진리가 지배하는 어둠의 세계로 남아 있어야 한다는 것, 니체에 따르면 이것이 바로 무의식적으로나마 플라톤조차 헤어나지 못했던 데카당스이며, 서양철학사 전체를 면면히 흐르는 형이상학적 기조인 니힐리즘의 시원이다.

11. 칸트의 도덕철학

하지만 니체가 서양철학사에서 가장 신랄하게 비판하는 철학자는 바로 칸트다. 『안티크리스트』를 읽어 가다 보면, "칸트를 이렇게까지 미워할 수 있을까?" 누구보다도 고결하고 순수한 삶을 살았던 것으로 알려진 "칸트를 이렇게까지 싫어해도 되나?" 싶은 우려가 들 정도로, 니체는 칸트를 극도로 혐오한다. 하지만 지극히 개인적인 비호감을 표출하는 것이 아니라면, 니체가 칸트를 비판하는 데에도 그 나름의 이유와 논리는 있을 것이다.

니체는 플라톤에서부터 방향이 설정되어 여태껏 전개되어 온 서양철학사의 니힐리즘이 정점에 이른 것이 바로 칸트라고 해석한다. 도대체 칸트 철학이 어떠하길래 이러한 비난과 오명을 뒤집어쓰고 있는지를 정확하게 알기 위해서는, 그의 철학 체계 전반을 고찰해야 한다. 하지만 이 책의 목적에 비추어 칸트에 많은 분량을 할애하는 것은 적절하지 않다. 따라서 나는 독자의 이해를 돕는 취지에서 그의 철학을 상당히 거칠고 과감한 방식으로 요약할 것이다.

칸트는, 인식론의 관점에서 경험론과 이성론이 대립하고 존재론의 관점에서 실재론과 관념론이 대립하던 서양 근대 철학을, '초월론적 철학'이라는 새로운 판 위에서 종합한 인물로 평가된다. 즉 인간이 지닌 영혼의 능력은 '감성'과 '지성'으로 나뉘는데, 전자가 하는 일은 '직관'으로서 '감각'하고 '지각'하는 것이며, 후자가 하는 일은 '사유'로서 '개념'을 가지고 '판단'하는 것이다. 감성이 감각기관이 수용한 경험적 자료를 선험적 형식인 공간과 시간이라는 틀에 맞추어 정리하면, 그에 대해 지성이 12가지 '범주'에 따라 사유하고 판단한다. 감성은 지성이 사유하는 내용이 된다는 점에서, 대상을 인식하는 이성에서 감성 전체는 내용이 되고 지성은 형식이 된다. 이를 표로 나타내면 다음과 같다.

순수 이성 (인식)	형식 (선험적)	지성	사유	개념·판단	12가지 범주	
	내용	감성	직관	감각·지각	형식 (선험적)	공간·시간
					내용 (경험적)	자료·인상

    칸트 철학이 획기적으로 평가받는 점은 종래까지 대립하는 것으로 여겼던 감성과 지성을 내용과 형식이라는 새로운 구도로 재편·종합함으로써, 인간의 인식 능력인 이성을 재정의했다는 데에 있다. 즉 인식이 성립하기 위해서는 감성 또는 지성 어느 하나만 작동해서는 안 되고, 두 가지가 기능적으로 협업할 때에만 가능하다는 것이다. "직관 없는 개념은 공허하고, 개념 없는 직관은 맹목이다." 즉 대상 인식을 위해서 감각에 기초한 직관과 개념에 의지하는 사유가 모두 필요하며, 이것이 칸트의『순수이성비판』이 규명하고자 하는 초월론적 주관이 지닌 이성의 선험적 구조다. 칸트가 경험론과 이성론, 실재론과 관념론의 대립을 초월론적 철학이라는 새로운 판위에서 종합했다고 평가받는 이유가 바로 여기에 있다.

그런데 문제는 감성과 지성이 기능적으로 협력하는 "인식의 두 줄기"라는 입장에 관한 해석이다. 형식적으로 보면 칸트가 감성과 지성이 모두 필요하다고 말하고 있는 것처럼 보인다. 그러나 실질적으로 보면 칸트가 요구하는 감성은 무력하기만 하다. 왜냐하면 지성에 의한 사유를 통해서만 인식이 정당성을 보증받기 때문이다. 그러니까 겉으로는 감성과 지성에 각자 나름의 기능과 역할을 동등하게 부여한 듯 보이지만, 그럼에도 실제로는 지성에 절대적 우위와 압도적 권리를 부여하고 있다는 말이다. 즉 칸트는 감성이 필요함을 말하고는 있으나 그렇다고 해서 지성과 동일한 수준의 지분을 인정하지는 않는다. 감성이란 명목상으로는 없어서는 안 된다는 점에서 필요조건이기는 하나, 실질적으로는 아무런 적극적 역할을 하지 못하는 "꿔다 놓은 보릿자루"마냥 무기력한 지위를 갖는 셈이다.[9]

여기서 우리는 플라톤에게서 살펴보았던 니힐리즘의 징후를 칸트에게서도 확인할 수 있다. 현실적인 것에 대한 경험은

---

9   나는 후설(E. Husserl)과 메를로퐁티(M. Merleau-Ponty)로부터 배운 현상학의 관점과

현실을 넘어서 있는 '선험적인 것$^{a\ priori}$'에 의해서만 가능하다. 선험적인 것은 경험적인 것이 가능하기 위한 조건으로 그 어떠한 '경험적인 것$^{a\ posteriori}$'도 섞여 있지 않다는 의미에서 '순수한 것^{pure}'이어야만 한다. 더욱이 인식의 구조에서조차 감성에 대한 지성의 우위가 전제된다. 즉 내용적인 것·경험적인 것·현실적인 것은 모두 그 자체로는 무의미한 것이다. 왜냐하면 오직 형식적인 것·선험적인 것·순수한 것만이 최종적으로 대상을 파악하고 의미를 규정하기 때문이다. 결국 아무리 세련되고 정교한 체계로 변형되었다고 하더라도, 플라톤과 마찬가지로 칸트 철학 역시 니힐리즘이라는 혐의에서 자유로울 수 없다는 한계를 지닌다.

허무주의로서의 칸트 철학의 성격은 '도덕적 선'의 가능 근

문제의식을 따라 칸트 철학을 이러한 방식으로 독해한다. 물론 칸트에 대한 현상학적 비판을 허무주의에 대한 니체의 비판으로 직접 연결하기에는 무리가 있는 것이 사실이며, 학술적으로 더 엄밀한 논구가 필요한 것도 잘 알고 있다. 하지만 현상학 역시 칸트로 대표되는 고전 철학의 한계를 비판하며 생동하는 삶의 체험으로 육박해 들어가기를 추구하는 '구체성의 철학'이라는 점에서, 전반적인 틀과 방향의 설정에서 이렇게 시도해 보는 나의 해석이 터무니없다고 평가할 수만은 없을 것이다.

거를 규명하는 윤리학에서 더욱 극명하게 드러난다. 『실천이성비판』과 『윤리형이상학 정초』를 통해 제시되는 칸트의 도덕철학 역시 감성과 이성의 대립이라는 기본 틀로 구성된다. 인간은 생명을 지닌 자연적 존재로서 욕구 충족과 이해타산을 동기로 삼아 행위한다. 인간은 욕구를 지닌 존재다. 식욕·수면욕·성욕의 충족, 고통의 회피와 쾌락의 추구, 손실의 최소화 및 이익의 극대화와 같은 이해타산은, 인간이라면 누구나 지니는 '자연적 경향성'이다. 그런데 칸트에 따르면, 이러한 동기에 따르는 행위가 '자연스러운' 것이기는 하나, 여기에서는 결코 '도덕적인' 것이 나오지 않는다.

무슨 말이냐 하면, 흉악한 범죄자 역시 욕구 충족이나 이해타산의 동기에 따라 범죄를 저지른다. 자연적 경향성에 따르는 행위가 그야말로 자연스러운 것으로 용인될 때, 인간이 살아가는 세계는 말 그대로 '동물의 왕국'이 되고 만다. 그러므로 인간이 단지 자연적 존재가 아니라 이성적 존재라면, 그래서 동물의 왕국이 아니라 "목적의 왕국"이라는 도덕적 세계의 구성원으로서 살아가는 존재이기 위해서는, 인간 행위에 요구되는 도덕적 선, 즉 실천이성의 근거를 자연적 경향성을 넘어서는 데에서 찾아야만 할 것이다.

인간 행위의 이성적 근거는 자연적 경향성을 넘어서는 "선의지"에서 비롯된다. 선의지란, 욕구 충족이나 이해타산과 무관하게, "옳은 것(또는 선한 것)을 단지 옳다는(또는 선하다는) 이유만으로 기꺼이 그것에 따르려는 순수한 동기"를 일컫는다. 즉 선의지는 자신의 만족·이익·행복이라는 목적을 달성하기 위해 그에 부합하는 적절한 수단을 선택하는 주관적·상대적·우연적 동기가 아니라, 보편적으로 타당한 객관적·절대적·필연적 도덕법칙에 따라서 행위하려는 순수한 동기다.

이러한 도덕법칙은 관심·욕구·상황에 따라 달라질 수 있는 '조건적 명령(가언명령)'이 아니라, 언제, 어디서나, 누구에게나, 그 어떠한 상황에서도 요구되는 "무조건적 명령(정언명령)"으로서 '의무'의 성격을 지닌다. 인간으로서 "마땅히 이렇게 해야만 한다"거나 "절대로 저렇게 하지 말아야 한다"는 의무를 자신의 법칙으로 삼고 기꺼이 그에 부합하게끔 자율적으로 행위하는 것, 이것이야말로 자연적 존재를 넘어서는 도덕적 존재로서 인간이 지닌 이성·자유·존엄의 근거인 것이다. 이상의 내용을 표로 정리하면 다음과 같이 나타낼 수 있다.

실천 이성 (윤리)	그 자체 옳음·선함을 추구하는 선의지	도덕법칙 (객관적)	정언명령 (무조건적·필연적·절대적) "언제 어디서나 누구나 반드시 -해야/절대로 -하지 말아야 한다"	의무 (자율)	인격적 존엄성
	욕구 충족과 이해타산의 동기	행복 (주관적)	가언명령 (조건적·우연적·상대적) "-하기 위해서는(목적) -해야 한다(수단)"	끌림 (타율)	자연적 경향성

나는 앞에서 칸트가 『순수이성비판』에서 감성과 지성을 평등하게 인정하는 것처럼 보이지만, 실상 감성에 대한 지성의 압도적 우위라는 입장을 견지하고 있음을 언급하였다. 그의 윤리학에서도 역시 자연적 경향성에 따르는 행위를 인간이 지닌 불가피성으로 간주하는 것처럼 보이기는 한다. 왜냐하면 인간 역시 생명의 유지와 자기의 보존을 위해 불가피하게 충족시켜야 하는 자연적 측면이 있기 때문이다.

그런데 칸트가 이러한 행위에서는 결코 도덕적 선이 나오지 않는다고 말할 때, 그는 단지 자연적 경향성을 따르는 행위가 선·악이라는 도덕적 규정에서 벗어나 있다고, 다시 말해 도덕적 판단의 영역에 속하지 않는다고 말하는 것이 아니다.

비록 그가 명시적으로 확언하고 있는 것은 아니고 다른 방식으로 해석할 여지가 없는 것도 아니지만, 나에게는 칸트가 욕구 충족과 이해타산에 따른 행위가 "도덕적으로 나쁘다" 또는 심지어 "악하다"고 암묵적으로 전제하는 것처럼 보인다. 즉 내가 보기에는, 칸트가 욕구 충족을 인간의 생존을 위한 부득이한 필요조건의 자격으로나마 인정한다기보다는, 선의지를 통해 넘어서야만 하는 부정적인 것, 말하자면 도덕적 선과 자유의 실현을 위해 극복해야만 하는, 구속이나 장애 또는 결함으로 간주하는 것처럼 생각되는 것이다.

이로써 플라톤에서 발원한 현실에 대한 이성의 우위, 감각에 대한 지성의 투쟁이 칸트 윤리학의 변주를 거쳐, 의무에 의한 욕구의 극복, 즉 악에 대한 선의 투쟁으로 정식화되기에 이르렀다. 이러한 이유에서 니체가 보기에, 칸트는 지독히도 병들어 있는 금욕주의자일 수밖에 없다.

12. 금욕주의

'금욕주의'란 무엇인가? '금욕禁慾'이란 욕구가 존재하지 않음을 일컫는 말인 '무욕無慾'이 아니다. 욕구가 애당초 존재하지 않는다면 절제해야만 할 무언가조차 없어야 할 테니 말이다. 엄연히 존재하는 욕구를 제어하는 것이 바로 금욕인 것이다. 그런 점에서 금욕의 핵심은 '자기 자신과의 투쟁'에 있다. 왜냐하면 마음속에 도사리고 있는 야성, 그러니까 여간 길들이기가 쉽지 않은 본능·충동·욕구·욕망·유혹과의 팽팽한 긴장 속에서 그것들과 끊임없이 싸우지 않으면 안 되기 때문이다.

감성에 대한 지성의 우위, 이성을 통한 자연의 극복, 정언명령으로서의 의무를 언급할 때 칸트가 절대성·필연성·무조건성과 같은 완고한 수식어를 강조하면 할수록, 어떤 점에서 나는 그것이 그가 겪고 있는 '자기 분열'이 얼마나 처절한지를 시사하는 징후처럼 느껴진다. 욕망이 있어 금기禁忌가 있는 것이 아니라 오히려 "금기가 욕망을 만든다"고 프로이트가 말한 바도 있듯이, 누군가가 의식적으로 절제와 금욕을 강조하면 할수록 역설적으로 그가 내면에서 시달리고 있는 욕구와 욕망의 불길이 얼마나 거센지 가늠해 볼 수도 있는 셈이다.

자연스러운 생명의 본능과 욕구를 억압하는 금욕주의는

가혹할 정도의 자기검열을 낳는다. 칸트가 절대적 도덕법칙으로서의 규범을 말할 때, 특히 정언명령과 의무를 언급하며 "반드시 -해야만 한다"거나 "절대로 -하지 않으면 안 된다"고 강조할 때, 그 '반드시·절대로'라는 당위에서 일종의 강박증이 엿보이는 것은 우연이 아니다. 마음에서 날뛰는 욕망과 벌이는 처절한 사투는 한순간도 방심할 수 없고 한 치의 어긋남도 용납할 수 없다. 지속적으로 선의지를 발휘하지 못하면, 도덕의 갑옷을 입은 검투사는 맹수와 같은 자연적 경향성에게 잡아먹히고 만다. 그러지 않기 위해 인간은 도덕적 선을 향한 순수한 마음을 한결같이 유지해야 한다. 신경쇠약에 걸릴 정도로 탈선을 경계하며, 행여나 자신의 행위가 잘못된 길로 빠지지 않는가를 끊임없이 감시해야 하는 것이다.

이른바 '극기복례'를 위해 내면에서 벌이는 '자기 부정'의 처절한 투쟁이야말로 '죄의식'의 기원이다. 그리스도교에서는 악마의 유혹에 넘어갔다거나 죄악에 물든 이 세상의 타락 때문이라고 원인을 외부로 돌려 책임을 전가라도 할 수 있었다. 물론 니체의 관점에서 보면 문제의 원인을 잘못 진단한 자기기만의 전략이라는 점에서 이를 긍정적으로 평가할 여지가 없다. 하지만 칸트의 내면에서는 이러한 도피성 출구전략마저 보이지 않는다는 데에 더욱 커다란 심각성이 있다. 왜냐하면 칸트는 자신의 행위에 전적으로 자신이 책임을 지는 이성적·자율적 주체를 상정하기 때문이다. 원리상 내 삶에서 일어나는 모든 일에 대한 책임은 오롯이 나 자신에게 있다. 즉 모든 것은 자유의지를 지닌 나의 잘못이고 전적으로 내 탓인 셈이다. 자신이 행한 결과에 책임을 지는 것은 중요한 덕목이지만, 과도한 자기 책임의 강조는 죄의식을 내면화할 뿐이다.

　니체는 위와 같은 방식으로 칸트를 독해하면서, 그의 도덕철학이야말로 니힐리즘의 정점이며 서양철학사 최악의 데카당스라고 비판한다. 데카당스란 근본적으로 자신이 바라는 것을 현실화할 수 없는 무기력이다. 칸트라는 인물에게서는 자연스러운 본능·욕구를 충족하고 원하는 것을 실제로 성취함으로써 느끼는 삶의 기쁨과 활력이 근본적으로 '거세去勢'되어 있다. 믿거나 말거나이긴 하지만, 한 수행자가 걷잡을 수 없는 성욕을 제어할 수 없어 아예 자신의 성기를 스스로 절단해 버렸다는 에피소드가 떠오른다. 하지만 나는 그 이야기에서 수도를 위한 높은 뜻과 철저하게 계율을 지키고자 했던 단호한 결기에 감탄하기보다는, 오히려 그렇게까지 해서 과연 욕망의 불길이 사그라들었을까가 궁금하다. 극단적 처방이 불가피할 정도로 욕구가 강했었다면, 거세를 했더라도 불타오르던 성욕이 제어될 수 있었는지 의문이 들었던 것이다. 오히려 거세 후에는 현실에서 욕구를 충족시킬 가능성이 전혀 없다는 사실에 안도하면서, 비현실적인 상상 속에서 더 은밀한 욕망을 마음껏 품는 것도 얼마든지 가능하지 않을까?[10]

---

10 앞서 6절에서 언급한 사이버 범죄처럼, 포르노는 현실에서 충족되지 않는 성적 욕구를 비현실적 상상으로 만회하려는 것이다. 그런데 기묘하면서도 희한한 것은, 일단 성인영상물이 촉발하는 도파민에 뇌가 절여지고 나면, 현실에서의 성적 욕구가 한없이 시들어 무력(無力)해진다는 점이다. 어차피 현실에서는 원하는 바를 충족하기도 어렵고 시간도 오래 걸릴 뿐 아니라 이런저런 노력을 하는 것마저 귀찮아져서, 아예 즉각적이고 무제약적인 방식으로 마음껏 성적 판타지를 누릴 수 있는 가상에서만 손쉬운 쾌락을 갈구하게 되기 때문이다. 즉 대리적 위안물에 대한 탐닉은 현실에서의 실제 욕구 충족을 무한히 유예한다. 바꾸어 말하면 판타지를 통한 현실도피의 즐거움이 압도적으로 커서, 현실과 상상의 간극이 줄어들게 하거나 해소시키는 것을 오히려 원하지 않게 되는 것이다. 이렇게 상상 속에서 성적 즐거움을 극대화하기 위해서는, 역설적으로(!) 현실에서 철저한 금욕을 실천해야 한다. 그런 점에서 금욕주의란, 말 그대로 욕구에서 벗어나기를 원하는 순수한 태도가 아니다. 오히려 현실에서 아무런 욕구도 느끼지 못하는 불감증 또는 발기부전 장애이거나, 차라리 현실에서 충족되지 않는 욕구를 손쉽게 환상 속에서 왜곡된 방식의 의지로 충족시키려는 병리적 상태일 뿐이다. 공교롭게도 발기부전을 지칭하는 임포턴트(impotent)란 '힘(potent, 力)이 없음(im, 無)'을 뜻한다.

고상하지 못한 사례를 든 것 같아 민망하지만, 상징적 의미에서 칸트의 철학을 '거세된 철학'으로 규정할 수도 있을 것이다. 그런데 칸트의 철학에서 거세된 것은 단지 성기만이 아니라 몸 자체다. 진리 인식의 근거가 되는 순수이성의 주체는 '몸이 없는 주체'이다. 심지어 감성을 말하더라도 그 감성은 영혼의 능력이지 감각기관을 지닌 구체적인 몸을 지칭하는 것이 아니다. 도덕적 행위의 근거가 되는 실천이성의 주체역시 현실적인 삶을 살아가는 구체적인 인간이 아니다. 왜냐하면 자연적 경향성을 완전히 극복한 순수한 선의지의 주체는 죄악의 근원이자 한낱 욕구 덩어리에 불과한 몸뚱어리를 초월해 있는 선험적 존재이기 때문이다. 육체와 대비되는 '정신'을 독일어로 'Geist(가이스트)'라고 하는데, 칸트가 말하는 주체는 몸이 없다는 점에서 유령과 같은 존재, 즉 '유체이탈'하여 '고공비행'하는 'ghost(고스트)'인 셈이다. 이성·절제·금욕·도덕이라는 순수하고 고상한 외피를 두르고 나타나지만, 실상 이러한 몸의 거세는 현실에서 원하는 것을 쟁취할 수 없는 무기력을 정당화하기 위한 도피이자, '정신승리'를 위한 '대리만족' 또는 '가치 전도'의 병리적 징후로 해석해 볼 수 있는 것은 아닐까?

실제로 칸트는 위대한 철학자이기 이전에 한 사람으로서도 평생 절제하며 고결한 도덕을 실천하며 살았던 존경할 만한 인물로 알려져 있다. 거품을 물고 칸트를 헐뜯는 니체의 비난에서는 다분히 악의가 느껴지며, 칸트를 공정하게 대우하고 있다는 생각이 전혀 들지 않는다. 하지만 니체의 비판에도 새겨볼 만한 통찰은 분명히 있다. 마치 『이솝 우화』에서 먹고 싶은 포도를 맛이 시다고 폄훼하면서 망상 속에서 자신을 위로하려는 여우처럼, 칸트 역시 "어두운 밤하늘에 반짝이는 별처럼 마음속에 존재하는 선의지와 도덕법칙"을 통해, 현실에서 좌절된 욕구와 무기력에 대한 보상을 갈구했던 것은 아닐까?

"인간은 존엄한 존재로서 수단이 아니라 그 자체 목적으로 대해야 한다"는 칸트의 사상은 보편적 인권을 제시함으로써 인류애의 초석을 마련한 것으로 평가된다. 그런데 아이러니한 것은, 그토록 인간 사랑을 외친 칸트가 평생을 독신으로 살았다는 점이다. 결혼을 안 한 것을 흠결이라고 할 수는 없겠으나, 부부생활에서 오는 그 흔한 갈등과 대립 한번 경험해 보지도 않고, 그것도 온갖 이해관계가 충돌하는 사회생활을 해 보기는커녕 평생 자신이 태어난 마을조차 벗어나 보지 않은 채, 연구실에 앉아 오직 머릿속으로만 구상한 세계평화의 이념은 순진하다 못해 공허한 탁상공론이라는 인상을 준다. 이런 관점에서 해석해 보자면, 칸트가 그토록 강조했던 선험적이고 순수한 것은 경험적 현실에서 상처 입을지도 모르는 자존감을 다치지 않도록 마련해 둔 일종의 도피성 '자기 배려', 즉 '자기 위안'을 위한 상상의 피난처에 불과했던 것은 아닐까?

칸트는 자신의 철학 전반에서 내용이 아니라 형식을 강조한다. 형식을 강조하고 내용을 도외시한다는 것은 개별적이고 구체적인 문제에 일일이 응수하지 않고, 보편적으로 타당한 것에 대해서만 논하겠다는 것이다. 그러나 인간은 몸을 지닌 개별적인 존재이며, 그가 살아가는 곳 역시 언제나 구체적인 상황이다. 삶의 구체성을 벗어난 논의는 아무리 순수하고 고상한 것이라 하더라도 뜬구름처럼 공허하게 느껴지는 법이다. 아무리 존경하는 마음으로 읽으려고 해도, 칸트의 『윤리형이상학 정초』를 읽다 보면 그가 현실을 몰라도 너무 모르는 것 아닌가 하는 의문이 들 때가 한두 번이 아니다. 하지만 그

토록 위대한 철학자가 세상을 몰랐을 리는 없으니, 차라리 현
실을 도외시한 채 티 없이 깨끗하고 순수한 영원의 세계로 도
망쳐 애써 '자기 위로'하려 했던 것은 아닌가 하는 혐의를 씌
우게 되는 것이다.

놀랍게도 칸트는 『순수이성비판』 「서문」에서 플라톤을 겨
냥하여 다음과 같이 말한다.

> "경쾌한 비둘기는 공중에서 자유롭게 공기를 헤치
> 고 날면서 공기의 저항을 느낄 때, 공기가 없는 공간에
> 서는 훨씬 더 잘 날 줄로 생각할 수도 있겠다. 이와 마찬
> 가지로 플라톤은 감성의 세계가 지성에 그렇게 다양한
> 장애물을 놓는다는 이유로 감성의 세계를 떠나 관념의
> 날개에 의지하여 피안의 세계로, 곧 순수한 지성의 허공
> 으로 감히 날아갔다."[11]

이것은 인간의 이성이 감성과 지성의 종합임을 말하는 칸

---

11 임마누엘 칸트, 『순수이성비판』, 백종현 옮김, 아카넷, 2006, 205-206쪽.

트가 오직 지성만을 강조하고 감성을 무가치한 것으로 평가 절하한 플라톤의 한계를 비판하는 말이다. 하지만 니체의 입장에서 보면 —아니 니체를 해설하는 나의 관점으로 해석하면— 칸트가 플라톤을 비판하며 썼던 이 문장을 칸트에게 고스란히 되돌려주고 싶다. 감성, 몸, 경험적 현실 너머에 존재하는 초월론적 주관의 선험적 형식에서 참된 진리와 도덕적 선의 근거를 찾는 칸트야말로 "관념의 날개에 의지해서 피안의 세계로 ⋯ 허공으로 감히 날아갔"던 것은 아닌가?[12]

이로써 우리는 니체의 분석을 따라 니힐리즘이 현실에서의 좌절·무기력·원한 감정·가치 전도·죄의식의 구성물임을 고찰하였고, 이것이 단지 그리스도교뿐만 아니라 플라톤에서

---

12 나는 소위 학자라는 자들에게서 학문과 삶의 부정합, 이론과 실제의 괴리를 꽤 민감하게 느낀다. '이상(위)'과 '현실(아래)'이 유리되어 있을 뿐만 아니라, 내세우는 '말(앞)'과 그런 주장을 하는 '속내(뒤)'에도 은닉된 균열이 있는 것이다. 물론 나 역시 이러한 비판으로부터 결코 예외가 아니라는 점을 잘 알고 있다. 명색이 삶에서 학문이 발원한다고 가르치는 현상학을 공부했다면서도, '아는 것'과 '사는 것'의 간극을 전혀 해소하지 못하고 있으니 말이다. 칸트나 니체처럼 대단한 철학자가 되려면 "알아도 모르는 척, 몰라도 아는 척"을 해야 하는, 양자의 긴장과 분열을 끊임없이 의식하며 살고 있다는 점에서, 나는 언감생심 빼어나기는 고사하고 웬만한 학자 축에도 들지 못하는 게 아닌가 싶다.

칸트에 이르기까지 서양철학사 전체를 떠받치는 기조로서의 형이상학임을 살펴보았다. 니체의 관점에서 보면, 그리스도교와 서양철학이 자연스러운 것·감각적인 것·경험적인 것을 무가치한 것으로 평가절하하면서 이성적인 것·순수한 것·선험적인 것·초월적인 것을 강조하면 할수록, 그 배후에 전제된 선·악의 이분법과 근원적인 무기력으로서의 데카당스 그리고 이를 정당화하기 위한 정신승리로서의 왜곡되고 병든의지만이 부각될 뿐이다.

3장

—

니체가 제시하는 문제 극복의 대안

1. 선악의 저편

니체가 '덕' 자체를 부정하는 것은 아니다. 니체는 분명 '덕'
이 필요하다는 입장에서, "인간에게 진정으로 필요한 덕이 어
떠한 덕이어야 하는가?"를 논하고 있다. 그런 맥락에서 나는
이제부터 '도덕'과 '도덕주의'를 엄격하게 구분할 것이다. 니
체는 도덕에 반대하는 것이 아니라 도덕주의에 반대하는 것
이다. '삶을 위한 도덕'은 필요하지만, '도덕주의'는 오히려 삶
을 망가뜨린다. 일반적으로 '○○주의'란 "오로지 ○○의 관점

에서, 또는 전적으로 ○○을 근본원리로 삼아, 인식하고 평가하고 실천하는 태도"를 일컫는다. 즉 도덕주의는 인간의 삶을 도덕의 관점에서만 바라보고, 구체적인 현실을 도덕의 잣대로만 재단한다. 그러니까 삶을 오로지 '도덕으로 환원'하는 '형이상학적 이데올로기'인 것이다.

도덕주의는 선·악의 이분법과 그에 상응하는 죄·벌의 관념 그리고 불의와 타락에 대한 응징·심판으로서의 정의로 구성된다. 인식의 차원에서 운위되는 시(옳음)·비(그름)는 실천의 차원에서 말해지는 선·악과 무관하지 않다. 왜냐하면 이미 답이 정해져 있는 올바름에서 탈선하는 것이 바로 그릇된 악을 행하는 것이기 때문이다. 하지만 니체의 말을 되새겨보면, 선·악과 죄·벌, 정의로 구성되는 도덕적 가치평가의 근본 전제는 삶에 대한 불만족이다. 우리는 대체로 삶이 만족스러우면, 좀처럼 옳고 그름을 따지지 않는다. 이것이 중요한 문제로 제기되는 것은 현실에서 불만족을 느낄 때다. 좀 과감하게 말하자면, 시·비로서의 정의와 선·악으로서의 도덕에 대한 요구는 만족스럽지 못한 삶의 현실을 담담히 수용할 능력도 담대히 타개할 역량도 없는 무기력한 약자가 꺼내드는 '전가의 보도'인 셈이다.

불만이 있을 때 자신의 의지를 관철하려는 적극적 행동은 그나마 차라리 낫다. 문제는 현실도피로서의 도덕주의, 그러니까 실제로 삶을 개선하는 데에는 한없이 무력하지만 그럼에도 ―아니 오히려 한없이 무력하기에 그에 대한 대리만족의 보상을 키우는― 초현실적 이데올로기가 되어 버린 교조화된 형이상학이다. 그런 점에서 선·악의 이분법은 불만족스러운 삶으로부터 도피하고 현실에서의 무력감을 망각하기 위한 '가상현실VR, Virtual Reality'과도 같다. 한쪽에는 절대적으로 옳고 선한 신이 있고 반대쪽에는 절대적으로 그른 악이 존재한다는 대립적 프레임의 설정 및 이를 구성하는 죄·벌·은총·구원·심판·정의와 같은 개념들 자체가, 삶의 현실을 직시하지 못하게끔 왜곡하는 자기기만적 위안과 현실도피적 가치전도를 위한 정신승리의 장치인 셈이다. 나는 니체 철학을 단한 페이지의 도식으로 다음과 같이 정리해 보았다. 독자는 ①부터 ⑩까지의 순서를 따라가면서 내용을 읽어 보기 바란다.

선/악 이분법·도덕주의

⑦
절대 선善
=
신神

⑨
교회와 사제는 이러한 프레임과 죄의식을 강화하며 인간이 스스로 운명을 개척하여 자립할수 없도록 피(생명력)를 갈취 = 흡혈귀·기생충

진리
(피안·내세·천국·저승·열반·유토피아)
↑
비진리
(차안·현세·이승)

⑧
↑
오직 절대자 신에게 순종
↑
현생은 헛된 것
(니힐리즘 = 허무주의, 무의미·무가치)
↑
죄악에 물들어 고통(벌)받는 삶
↑

⑩
현실을 초월한 진리와 무력하고 창백한 도덕을 추구해 온 서양철학 전체가 데카당스라는 병리적 현상 = 플라톤·칸트

④
절대 악惡
→
죄罪

⑥
↑
불만족의 원인을 부족한 힘이 아닌 외부(죄·악)에 돌렸으므로, 문제를 개선하고 해결할 길은 신에게 의탁하는 것밖에 없음

은총
구원
기도
순종

가치 전도 = 현실도피 = 자기기만 = 정신승리

⑤
↑
원한 감정
(원망·탓)
↑
불만족
↑
슬픔·고통

유혹
탈선
타락
원죄

③
삶 자체가 성장을 위한 고통임을 인정하지 못하면 무력감·불만·원망을 하고, 책임을 전가할 원인이 필요
↑

①
인간은 대지에 발을 딛고 살아가는 뼈·살·피로 이루어진 생명체로서, 본능과 욕구, 성취지향의 의지를 지님 → 성장·발전을 추구하는 의지는 생명의 본질

삶(生)

②
삶의 현실은 기본조건이 좌절과 고통의 연속 → 힘을 향한 의지로 극복하고 고통마저 긍정할 만큼 자신의 삶을 사랑하며 가꾸어 나가야 함

데카당스는 다음과 같은 세 가지 유형으로 나타난다. 삶이 괴로운 원인을 외부로 전가하여 남 탓을 하는 원망, 원인을 내부로 돌려 자신을 원망하는 죄의식, 타인에게 기생하여 권력과 이득을 추구하려는 병든 의지. 그러나 삶에 대한 근원적 불만과 문제 상황을 스스로 해결하거나 개선할 수 없다는 근본적 무기력의 산물이라는 점에서, 분노와 원한, 죄의식 그리고 타인에 대한 착취는 본질적으로 하나다.

그러면 니체가 제시하는 대안은 무엇인가? 도대체 인간이 어떠한 태도로 살아가길 원하는가? 니체의 저술 제목이 그에 대한 답이 될 수 있을 텐데, 그것은 바로 『선악의 저편*Jenseits von Gut und Böse*』이다. 그런데 "선·악의 저편"이라는 표현은 자칫 오해를 불러일으킬 수 있다. 왜냐하면 '저편'이라는 말을 어디 저 너머에 있는 곳쯤으로 오해할 수 있기 때문이다. 그러니까 앞에서 살펴본 피안·천국·유토피아와 유사한 장소로 오인할 여지가 없지 않은 셈이다. 그러나 니체가 여기서 말하는 '저편'이란 오히려 피안·천국·유토피아와 반대편에 있는 차안·현실을 일컫는다.

그런 점에서 '선·악의 저편'은 차라리 "선·악(의 이분법)을 넘어서"라는 뜻으로 새기는 것이 온당할지 모른다. 정확히 말하면 형이상학적 도덕주의 프레임에서 벗어나 있는, 생동하는 삶 자체를 가리키는 것이다. 즉 니체가 말하는 '선·악의 저편'은 이데올로기로서의 도덕주의로부터 해방될 것을 촉구하는 표어로서, 세상을 시·비, 선·악의 틀로 재단하여 보여 주는 VR 안경을 벗어 던지고, 현실로 복귀하여 "삶 자체를 있는 그대로 보라"는 주문이다. 앞에서 언급했던 영화 〈매트릭스〉에 빗대면, 그리스도교와 이성주의 철학이라는 '파란 약'이 아니라, 담담한 수용과 담대한 용기를 통해 삶의 진실을 똑바로 마주하게끔 하는 '빨간 약'을 선택하라는 뜻이다. 이처럼 도덕주의에 대한 '현상학적 판단중지'를 통해 '있는 그대로' 드러나는 '여실한' 삶은 무엇인가?[13] 그것은 생동하는 힘으로서의 생명력 자체, 힘과 힘의 투쟁인 '힘을 향한 의지'로 드러난다.

---

13 선·악의 이분법이라는 도덕주의에서 벗어나, 있는 그대로의 삶으로 복귀할 것을 요구하는 니체의 입장을, 나는 '○○주의'를 표방하는 모든 종류의 형이상학에 대해 괄호를 치고 생동하는 삶으로 복귀할 것을 요구하는 '현상학적 판단중지'와 '현상학적 환원'의 관점에서 독해한다. 물론 내용적으로 보면 니체의 철학과 현상학 사이에 많은 차이가 있는 것이 사실이지만, 존재론 및 방법론의 관점에서 양자에 대한 비교·대조는 차후 심화된 연구의 가능성을 노정한다.

2. 힘을 향한 의지

"힘을 향한 의지Wille zur Macht"란 무엇인가?[14] 그것은 생명의 본질이다. 모든 생명을 지닌 존재는 힘을 유지해야 살 수 있다. 힘이 약해지거나 힘이 소진되면 맞이하게 될 것은 노화와 질병과 죽음뿐이다. 그러나 단순히 생존을 위해서만 힘이 필요한 것은 아니다. 생명체는 단지 살아남는 것을 넘어 더 강해지기를 원한다. 강함을 반드시 물리적 완력으로 이해할 필

---

14 '힘을 향한 의지'만큼 다양한 번역을 낳는 개념도 드문 것 같다. 내가 니체를 처음 읽었던 25년 전에는 '권력의지'라는 번역어가 사용되었던 것으로 기억한다. 그런데 언제부터인가 뉴스나 평론에서 이 말을 '정치권력을 추구하는 의지'라는 뜻으로 전용하기 시작했다. 그런 까닭에 '권력의지'라는 말을 그대로 쓰기에는 적절하지 않다는 생각이 든다. 이후 한동안은 또 '힘에의 의지'라는 번역어가 사용되던 적도 있다. 그러나 나는 박찬국 교수의 번역을 따라 "힘을 향한 의지"라고 옮기겠다. 그럼에도 니체가 '힘'을 말할 때, 체력 등의 '물리적 힘'과 기력 등의 '정신적 힘'을 아울러 일반적인 '능력·역량'을 가리키는 단어 'Kraft(크라프트)'가 아니라, '위력·폭력'을 수반하는 '주권'을 가리키는 단어 'Macht(마흐트)'라는 단어를 쓴 것에 주목할 필요가 있다. 영어로는 둘 다 'power'로 옮길 수밖에 없는데, 나는 니체를 최대한 옹호하는 입장에서 '힘'을 '크라프트'에 가까운 의미로 해석한다. 다만 뒤의 4장에서 언급하겠지만 니체가 군이 '마흐트'라는 말을 고른 것을 보면, 그의 철학이 폭력과 억압을 동반하는 권력 지향의 위험성을 내포하고 있다는 점에 경각심을 가져야 한다.

요는 없다. 왜냐하면 우리는 '체력'과 대비하여 '정신력'이라는 말도 사용하기 때문이다. 그런데 육체나 정신은 단순히 강하거나 약한 상태에 머물러 있지 않고 성장하며 발전한다. 요컨대 부단히 성장하고 발전하는 과정을 통해 더 강하고 큰 존재가 되기를 바라며 높은 곳을 지향하는 것은 인간을 포함하여 모든 살아 있는 생명체의 자연스러운 본성이다. 역으로 말하면, 성장과 발전을 추구하는 '힘을 향한 의지'가 결여되어 있는 경우 그것은 진정으로 살아 있다고 말할 수가 없다.

좀 더 구체적으로 살펴보자. 언제 "살맛이 나는가?" 결여된 것이 충족되었을 때, 원하는 것을 획득했을 때, 바라는 일을 성취했을 때, 삶을 북돋우는 기분 좋은 일이 생겼을 때, 그렇게 함으로써 내가 몸이 강화되거나 영혼이 성장·발전함으로써 앞으로 더 많은 일을 이룰 수 있을 것 같은 희망이 부풀어오를 때, 단지 기대에 그치는 것이 아니라 실제로 그러한 바람을 실현했을 때, 이런 때에 우리는 삶의 만족과 즐거움을 느끼지 않는가? 힘이란 "살맛이 난다"는 것, 삶이 고양된다는 것, 그러니까 "살아 있다는 느낌"이 증대되는 것 이외에 다른 것이 아니다. 이것이야말로 '좋은 삶'이다.

반면 언제 "죽을 것 같은가?" 원하는 것이 충족되지 않아 결핍을 느낄 때, 이미 가진 것을 잃어버리거나 빼앗겼을 때, 바랐던 만큼 성취에 도달하지 못하고 실패했을 때, 삶을 나락으로 빠뜨리는 불의의 사건을 당했을 때, 기운이 빠지고 괴로움과 슬픔과 고통에 사로잡힐 때, 그래서 삶에 더 이상 희망이 없다고 느낄 때, 뭘 해도 안 될 것 같은 절망 속에서 헤어나지 못할 때, 이런 때에 우리는 삶의 불만족과 괴로움을 느끼지 않는가? 무력함이란 "살아 있는 것 같지 않다"는 것, 삶이 시들어 간다는 것, 그러니까 "죽을 것처럼 괴롭다", "죽고 싶다"는 느낌 이외에 다른 것이 아니다. 이것이야말로 '나쁜 삶'이다.

그런데 인생이란, 나쁜 것은 버리고 좋은 것만 골라 취할 수 있을 만큼 호락호락하지가 않다. 어느 정도 세월의 풍파를 겪어 본 사람이라면 누구라도 동의하겠지만, 삶이란 결코 만만한 것이 아니며 기본적으로 우호적인 것조차 아니다. 자신이 원치 않는 것을 피할 수 있다고 과신해서는 안 될 뿐만 아니라, 자신이 바라는 것을 쉽게 얻을 수 있다고 착각해서도 안 된다. 인생이 그저 '꽃길'이기만을 바라는 것은 순진함의 발로이거나 무지에 불과하다. 삶이란 불가피하고 부득이한 일로 점철되어 있으며, 어려움·괴로움·장애·난관이야말로 '기본 조건(디폴트)'이다. 어쩌면 처음부터 내가 바라는 대로 순조롭게 되는 일은 하나도 없다고 믿는 것이 정신건강에 이로울 수 있다. 오죽하면 싯다르타가 여덟 가지 고통을 언급하면서 "인생은 고(苦)"라고 말했겠는가?[15]

니체가 그리스도교에 비해 불교를 다소나마 긍정적인 시선으로 평가하는 이유가 바로 여기에 있다. 삶이 괴롭다고 하는 현실을 직시하고 자신이 처한 상황을 담담히 수용하는 데에서 출발한 불교는, 그리스도교처럼 단번에 승천하여 영원

---

15 싯다르타는 인생의 "여덟 가지 고통(八苦)"을 다음과 같이 말한다. ①태어나는 것(生)은 좋은 일이 아닌가 싶으나 반드시 그렇지만도 않다. 왜냐하면 일단 태어났다면 ②늙고(老) ③병들어(病) ④죽을(死) 운명에서 벗어날 수 없음이 필연적이기 때문이다. ⑤애별리고(愛別離苦)란 좋아하고 사랑하는 사람과 헤어져야만 하는 고통이다. 죽어서 헤어지는 사별도 있지만 살아서 헤어지는 생별이라고 해서 아픔이 덜하지는 않다. 오히려 살아 있기에 더 아플 수 있다. ⑥원증회고(怨憎會苦)란 원망하고 증오하는 사람과 어쩔 수 없이 만나야만 하는 고통이다. 살다 보면 불구대천의 원수까지는 아니더라도 함께 밥 먹고 차 마시는 것조차 싫고 꺼려지는 사람이 한둘이 아니다. ⑦구부득고(求不得苦)란 원하는 것을 얻지 못하는 데에 따르는 고통이다. 모두가 돈·권력·지위·명예·지식·건강·아름다움을 원하지만, 누구나 원하는 만큼 얻어 누릴 수 없는 것이 엄연한 현실이다. ⑧오온성고(五蘊盛苦)란 색(色)·수(受)·상(想)·행(行)·식(識), 즉 마음에 미혹과 집착이 무성하여 번뇌에 사로잡히는 고통이다.

한 즐거움만을 누리겠다는 허황된 망상으로 빠져들지 않기 때문이다. 물론 그리스도교가 투쟁하는 대상은 고통이라기보다는 차라리 죄라고 말하는 것이 정확할 것이다. 죄는 절대자 하느님의 구원을 통해 일거에 사면될 수 있지만, 고통은 내가 살아가는 한 어떤 식으로든 계속 짊어지고 가야만 한다. 그리스도교는 초현실적 방법으로 도피하여 죄에서 한순간에, 그것도 "최종적이고 불가역적인 방식으로" 해방되기를 꿈꾸지만, 불교는 업보(카르마)에 의해 굴러가는 윤회(삼사라)의 굴레 속에서 어쩔 수 없이 감당해야 하는 고통을 조금이나마 덜 수 있는 현실적 방법을 제안한다. 만물은 그저 연기緣起에 따라 일어나고 흘러가는 것일 뿐이기에, '나我, atman'라고 하는 고정불변의 실체가 있다는 망상에서 깨어나 집착과 욕망을 버리라는 것이다.

그런데 삶의 기본조건이 고통이라는 불교의 문제 진단에 동의한다고 해서, 니체가 불교의 해법에도 동의하는 것은 아니다. 니체는 삶이 고통스러운 원인이 집착 때문이 아니라 오히려 힘이 없어서라고 진단한다. 니체에 따르면 인생이 괴로운 이유는 내가 힘이 모자라서, 다시 말해 내가 역량이 부족해서다. 물론 여기서 말하는 힘은 신체적인 힘뿐만 아니라 정신적인 힘마저도 아우르는 존재의 총체적 역량을 뜻한다. 즉 괴로움에서 벗어나고 싶다면 생기·생명력·활력으로도 나타낼 수 있을 '살아가는 힘'을 기르라는 것이다. 이렇게나 뻔한 말을 굳이 할 필요가 있을까 싶지만, 니체는 듣기에만 좋은 미사여구 없이 삶에 관한 '불편한 진실'을 이야기하고 있다.

누구나 건강하게 장수하길 바란다. 병에 걸리는 것은 갑작스러운 안타깝고 불행한 사건이다. 그러나 명운 자체를 바꿀 수는 없다 하더라도, 내가 할 수 있는 한 최선의 건강 관리를 했다면 심각한 병으로 진행되는 일을 늦추거나 미연에 방지할 수 있었을지도 모른다. 사랑하는 사람과의 이별은 가슴 아픈 일이다. 사별처럼 어쩔 수 없이 받아들여야 하는 상황도 있지만, 연인 간의 헤어짐의 원인 중 십중팔구는 서로 상대를 이해하지 못해서다. 내가 가진 역량이 상대를 포용할 만큼 넓고 깊지 못해서인 탓이다. 싫어하는 사람과 관계를 맺는 것도 불가피한 측면이 있다. 하지만 내가 좀 더 너그러웠다면, 내가 좀 더 마음의 여유가 있었다면 껄끄럽고 불편한 상황을 조금은 더 부드럽게 넘어갈 수 있지 않았을까 돌아보게 되는 경우가 한두 번이 아니다.

바라는 것을 얻지 못하는 괴로움은 참으로 괴롭다. 밤잠을 줄여 가며 열심히 공부했는데도 시험에서 원하는 성적을 얻지 못한 학생, 누구보다 열심히 일했는데도 기대하는 성과를 내지 못한 직장인, 남들보다 치열하게 살고 있지만 경쟁에서 밀려 사업이 위기에 처한 자영업자, 다른 사람보다 더 성실하게 훈련했지만 주전으로 도약할 기회조차 주어지지 않아 벤치에만 머무는 운동선수, 세상에는 각자의 상황으로 억울하고 분한 사람이 한둘이 아니다. 아니, 따지고 보면 곤란한 처지에 있지 않은 사람을 찾아보기 힘들 정도로, 거의 대부분의 사람이 각자 나름의 절박한 사정과 대놓고 말하지 못하는 고충을 안고 살아간다.

그런데 "뼈를 때리는" 죽비(竹篦)처럼 냉혹할 정도로 듣기에 거북하지만 그럼에도 있는 그대로의 사실을 말하면, 위와 같은 괴로움의 근본 원인은 바로 원하는 바를 이루기에 충분할 만큼의 힘을 갖추지 못했기 때문이다. "열심히 하는 것보다 잘하는 것이 중요하다"는 말처럼 귀에 거슬리면서도 정곡을 찌르는 '확인 사살(팩트 폭행)'도 없다. 목표에 도달하지 못한 사람은 "내가 이렇게나 열심히 했는데"라며 신세를 한탄하고 억울함을 항변한다. 그런데 미안한 말이지만, 세상 사람들은 모두 다 열심히 산다. 열심히 살지 않는 사람을 찾는 것이 더 어렵다. 물론 무위도식하는 사람들도 없지는 않겠으나, 이들과 경쟁하는 것이 아닌 바에야 처음부터 비교의 대상으로 삼는 것 자체가 무의미한 일이다. 왜냐하면 내가 직접적으로 겨뤄야 하는 상대는 아무리 못해도 나만큼, 그리고 어쩌면 나보다 더 열심히 하루하루를 살아가고 있는 사람들이기 때문이다. 즉 "내가 세상에서 가장 열심히 했다"는 것은 "객관적 사실What it is이 아니라, 다만 내가 그렇게 믿고 싶은 것What I want to believe" 일 뿐이다.

그래서 한편으로 실패와 좌절에 몹시 억울하고 분하다가도, 다른 한편으로 그것이 공부든 일이든 사랑이든 "내가 더 열심히 할걸, 내가 더 잘 할걸"과 같은 후회가 밀려드는 것은, 이미 자신의 능력이 부족했음을 자인하는 것이다. 일말의 후회도 남기지 않을 만큼 열정적으로 혼신의 힘을 쏟아서 무언가를 할 수 없었거나, 또는 할 수 있었음에도 그렇게 하지 않았던 자신의 의지 부족에 대해 아쉬움을 토로하는 것이다. 바꾸어 말하면, 자질이든 노력이든 체력이든 정신력이든 지식이든 방법이든 그것이 무엇이든 간에, 나보다 앞서 있고 나보다 위에 있는 사람은 내가 가지지 못한 장점 또는 나보다 뭐 하나라도 나은 점을 지니고 있어서, 그러니까 탁월함으로서의 덕이 있기에 무언가를 쟁취하여 그 자리에 있는 것이다.

살다 보면 나보다도 못한 사람이 나보다 앞서가고 나보다 위에 있고 나보다 더 많이 누려서 억울하다는 생각이 드는 것도 사실이다. 하지만 냉정하게 바라보면 이러한 분심은 대체로는 자기기만을 위한 뇌피셜일 확률이 높다. 어째서 남의 삶은 편해 보이고 쉬울 것이라 단정하는가? 그런 식으로 정신승리를 해야만 결과에 대한 진정한 책임을 모면할 수 있기 때문이다. 힘의 논리로 움직이는 이 세상은, 자질과 능력이 부족하고 덕이 없는 자가 언제까지고 자신의 깜냥에 비추어 과분한 자리를 차지하는 것을 용인할 만큼 호락호락한 곳이 아니다. 즉 미시적으로 보면 개인이 부당하고 억울한 일이 없지 않겠지만, 거시적으로 보면 자신이 있어야 하는 자리를 찾아가는 것이 세상의 순리다. 그렇기에 고통스럽지만 인정하지 않을 수 없는 엄연한 사실은, 세상에서 일어나는 모든 일은 결국 힘의 다소, 즉 역량의 문제로 귀결된다는 점이다.

싯다르타는 세상 만물이 무상한 것임을 자각할 때 집착과 고통에서 벗어날 수 있다고 했지만, 니체는 세상 만물이 '힘의 관계'에 따라 전개되는 맹목적 과정임을 겸허하게 받아들이는 것이 삶의 괴로움을 해결하는 출발점이라고 한다. 삶에서 일어나는 모든 과정은 그 자체로는 아무런 잘못이 없다. 그리스도교가 선전하는 것처럼 악한 자에 의해 억울하게 핍박을 받거나, 내가 죄를 지어서 고통이라는 벌을 받는 것이 아니라는 얘기다. 내가 삶이 불만족스럽고 괴로운 것은 단지 내가 힘이 없어서일 뿐이다. 순수한 자연으로서의 삶 자체는 힘을 추구하는 맹목적 의지이므로, 거기에 도덕주의 프레임을 덧씌워 시·비의 잣대로 판단하거나 선·악의 가치로 평가하는 것은 어불성설이다.

이러한 대목에서 나는 『노자』에 등장하는 구절인 "천지불인天地不仁"이 떠오른다. 천지의 운행은 인仁하지 않다. 가령 쓰나미나 대지진에 무슨 선·악이 있겠는가? 인간의 입장에서 피해를 보는 것이 안타까운 일이기는 하지만, 그렇다고 무심하게 일어나는 현상인 재해 자체에 선·악이 있는 것은 아니다. 천재지변이 일어났다고 시·비를 따지고 선·악을 평가하며 자연에 대해 복수를 다짐하는 일은 부질없다. 자연의 일부로서 인간이 할 일은 급변한 환경에 적응하고 대응하며 살길을 모색하는 것이다. 근원적인 도道가 유교적 도덕의 가치판단을 벗어나 있다고 말하는 노자처럼, 니체 역시 도덕주의의 필터링을 거치지 않은 자연스러운 삶이란, 도덕으로 포섭되지 않고 환원될 수도 없는 맹목적 과정으로서의 '힘의 역학'임을 주장한다. 어쩌면 인간의 운명도 자연재해와 다르지 않을지도 모르겠다. 개인적인 삶에서만이 아니라 더 거대한 삶의 과정으로서 세계에서 일어나는 모든 일은 '힘의 관계'에서 비롯되기 때문이다.

단적으로 정치판에서 여당과 야당이 벌이는 힘겨루기를 보면, 입법과 정책에 얼마나 많은 사람의 현실적이고 복잡한 이해관계가 걸려 있으며, 또 그것이 이성적 근거에 의해서가 아니라 결국은 세력 간 힘의 대결로 결정되는지를 적나라하게 알 수 있다. "역사란 승자의 기록"이라는 말처럼, 이성이 추구하는 옳고 그름이란 그저 명분일 뿐이며, 결과적으로는 선거에서 이겨서 정권을 잡은 측이 옳다고 선포하는 것이 곧 법이요 선이 되는 것이다. 왜냐하면 아무리 이상을 추구하더라도 현실 정치란 결국은 힘의 대결 이외에 아무것도 아니기 때문이다. 엄중하고 급박하게 돌아가는 국제정세 역시 마찬가지다. 말이 좋아서 상호 존중에 기반한 평화지, 실제로 강대국은 자신의 이해관계를 최우선으로 삼아 패권적 지배 질서를 국제사회에 강요하고 있다. 그런 점에서 현실적인 힘이 뒷받침되지 않은 고결한 이상이란, 바스러지기 쉬운 비스킷이거나 깨어나고 싶지 않은 백일몽에 지나지 않는다.

니체가 주문하는 것은 힘의 논리가 관철되는, 그래서 괴로움이 기본조건일 수밖에 없는 삶의 현실을 있는 그대로 인정하자는 것이다. 나의 힘이 부족하다는 것, 이것을 겸허하고 솔직하게 인정하는 것이 출발점이 되어야 한다. 일단 이 점을 받아들이면 해법은 간단하다. 단지 힘을 기르면 되는 것이다. '웨이트 트레이닝'을 처음 시작할 때 5kg의 무게도 감당하지 못하다가 실력이 붙으면 10kg, 20kg 증량이 가능한 것처럼, 처음에는 실력이 부족해서 쟁취할 수 없던 것도 힘을 기르면 점점 수월하고 능숙하게 잘 해낼 수 있다는 것을, 우리는 일상의 다양한 경험을 통해 직관적으로 확인할 수 있다. 의지는 힘을 키우는 원동력이다. 힘을 길러 한계를 돌파했을 때, 힘을 키워 원하는 것을 성취했을 때, 누구나 괴로움을 잊을 만큼 힘이 솟는 것을 느낀다. 즉 우리가 고통에서 벗어나는 유일한 길은 바로 '힘을 향한 의지'인 셈이다.

니체의 관점에서 보기에, 플라톤의 이성주의와 칸트의 도덕철학, 그리스도교는 결과를 원인으로, 목적을 수단으로 바꾸어 놓는 가치 전도의 오류를 범하고 있다. "선善하기 때문에 이기는 것이 아니라 강强하기 때문에 이기는 것(勝)이고, 결과적으로 승리했기 때문에 좋은good 것"이다. 마찬가지로, "악惡해서가 아니라 약弱하기 때문에 지는 것(敗)이고, 결과적으로 망亡했기 때문에 나쁜bad 것"이다. 경기에서 졌으면 결국에는 실력이 모자라서 진 것인데, 심판의 편파 판정이나 매너 없는 관중 때문이라고 억울함을 항변해 봐야 구차할 뿐이다. 시·비, 선·악의 문제는 삶의 투쟁에서 패배한 약자가 만족스럽지 못한 결과에 대한 아쉬움에 분루를 삼키며 사후에나 제기하는 것이지, 강자는 이미 승전가를 울리며 기쁨을 누리기도 바빠서 그런 문제에 신경 쓸 겨를도 이유도 없다.

그래서 냉혹하고 비정하게 들릴 수 있지만, 니체는 약자에 대한 동정이나 사회 복지에 대단히 비판적인 입장을 취한다. 통념상 도덕적으로 바람직하다고 평가받는 그러한 가치들은 삶에서 승리를 쟁취하려는 힘도 의지도 없는 나약한 자들이 자신의 처지를 합리화하기 위해 만들어 낸 기만적 고안물에 불과하다는 것이다. "망할 자는 그저 망하도록 내버려두는 것"이야말로 힘의 논리로 움직이는 세상과 자연의 순리다. 더 강해지기를 원하기는커녕 스스로 일어서려고조차 하지 않는 자들, 엉뚱한 곳에 원인을 돌려 원망만 늘어놓으면서 삶의 고통을 기꺼이 짊어지려고 하지 않는 자들, 오히려 삶을 저주하며 신의 구원을 통해 단박에 영원한 행복을 누리겠다는 망상에 사로잡혀 있는 자들에게는 도움을 줄 필요도 없고 도움을 주어서도 안 된다. 스스로 문제를 해결하고 난관을 극복하여 살아남도록 내버려두어야 한다. 그리고 어떻게든 자신의 힘으로 운명을 개척하기 위해 분투하는 자들만 용기를 북돋기 위해 도와주어야 한다. 복지는 오직 자립의 의지를 감퇴시키지 않는 한에서만 의의가 있는 것이다.

니체가 강조하는 힘의 논리가 일견 다윈^{C. Darwin}의 진화론을 사회학의 관점으로 변용하여 '적자생존·약육강식'을 정당화하는 스펜서^{H. Spencer}의 '사회진화론'과 일치하는 것처럼 보일 수도 있다. 하지만 니체의 '힘을 향한 의지'는 단지 생존만을 목표로 하는 것이 아니라는 점에서 "강한 자만 살아남는다"는 진화론과는 다소 결이 다르다. 니체가 이상적으로 그리는 삶의 목표는 그저 살아남는 데에 있는 것이 아니다. 물론 전쟁터라고 불리는 세상에서 무너지지 않고 버텨 내며 자리를 지키는 것을 생존이라고 한다면, 생존도 아무나 하는 것은 아니고 능력이 있는 자만 할 수 있는 것임에는 분명하다. 그러나 니체가 강조하는 것은 생물학적 생존도 아니고 이른바 사회적·경제적 성공도 아니다. 즉 니체의 '힘을 향한 의지'를 반드시 정치권력의 추구나 경제적 부의 획득에만 국한하여 협소하게 해석하는 것은 진의에서 벗어난다.

니체가 궁극적으로 말하고자 하는 바는, 자질이든 건강이든 지식이든 기술이든 그것이 무엇이든 간에, 자신이 보유한 능력을 최대한 발휘함으로써 더 큰 역량을 지닌 존재로 끊임없이 성장·발전해 가는 것이다. 그리고 이러한 모습을 가장 모범적으로 구현하고 있는 사람은 바로 매 순간 혼신의 힘을 쏟아부어 작품 속에서 자신의 잠재력과 가능성을 최대로 펼

처 보이는 창조적 예술가다. 니체가 모범적인 인간상으로 예술가를 언급하고 있지만, 여기서 말하는 예술가가 반드시 직업인으로서의 예술가를 지칭하는 것은 아니다. 그러니까 예술가도 예술가 나름이지, 단지 생계를 위해 예술을 한다는 이유만으로 높이 평가할 근거는 없다.

니체가 말하는 것은 직업인으로서의 예술가가 아니라 '예술가적 유형'의 인간이다. 즉 어떠한 일을 하고 살아가든, 어떠한 능력과 덕을 기초로 삶을 꾸려 나가든, 실패와 좌절 속에서 점점 단단해지는 인간은 '힘을 향한 의지'를 통해 역경과 고난을 극복함으로써, 자신의 삶을 아름답게 빛나는 하나의 예술 작품으로 빚어 간다는 것이다. TV에서 방영하는 오디션 프로그램을 보면, 수십 년 가까운 세월 무명의 설움과 생활고를 견디면서도 사랑하는 음악을 포기하지 않고 노력하다가 이제야 빛을 보는 가수의 모습을 보게 된다. 왜 그동안 주목받지 못했는지 이해가 안 갈 정도로 탁월한 노래 실력을 뽐내는 가수의 무대를 보면서, 그가 단지 노래를 잘 부르는 재주를 가진 것이 아니라 그가 걸어온 삶의 여정 자체가 하나의 아름다운 선율이라는 생각마저 드는 경우가 있다. 온갖 악조건과 시련 속에서도 치열하게 살아가면서 자신의 삶을 하나의 예술 작품으로 빚어내는 사람, 이것이 바로 니체가 이상으로 삼는 '예술가적 유형'의 인간이 아닐까?

그런데 정작 예술에 조예가 깊지 않은 문외한이어서 그런지 모르겠지만, 나는 예술가보다는 차라리 스포츠 선수에 비유하는 것이 좀 더 이해에 도움이 되지 않을까 생각한다. 왜냐하면 예술은 감상자의 주관이 개입하기에 그 심오한 예술성을 객관적으로 확인하기가 어려운 반면, 운동은 그렇지 않기 때문이다. "운동만큼 정직한 것은 없다"라는 말처럼, 운동선수의 삶은 끊임없이 자신의 한계를 극복하며 성장하는 모습을 객관적인 기록을 통해 직관적으로 보여 준다. 물론 니체가 전달하려는 메시지로서 예술가적 삶이 갖는 탁월한 의의를 부정할 필요까지는 없겠지만, 니체가 대지에 발 딛고 살아가는 몸을 강조한다는 점을 고려하면, 스포츠 선수의 삶과 자신의 한계를 극복하는 모습이 자연스럽게 연결된다.

3. 디오니소스적 긍정

창조적 예술가든 스포츠 선수든, '힘을 향한 의지'를 통해 역경과 고난을 극복해 가는 존재가 되기 위해서는 무엇보다도 "자신의 삶을 긍정할 줄 알아야 한다"고 니체는 말한다. 앞에서 나는 시·비에 대한 판단과 선·악에 대한 평가의 요구는 삶에서 뭔가 문제가 생겼을 때, 즉 바라는 것이 충족되지 않았거나 만족이 저해되는 상황에서 제기되는 것이라고 말했다. 바꾸어 말하면, 시·비, 선·악을 따지는 일은 생동하는 삶에 대한 회고적 반성에 기초한 '부정적' 태도의 산물이다. 적어도 삶이 만족스러운 그 순간의 와중에는 좀처럼 시·비, 선·악의 문제를 제기하지 않는다. 도덕적 가치평가가 전면에 등장하는 것은 뭔가 삶에서 만족스럽지 못한 일이 일어난 것에 대한 '사후적' 반응인 셈이다.

예를 들어 길을 걷다가 돌부리에 걸려 넘어졌다고 해 보자. 그것도 하필이면 진흙 웅덩이에 넘어져서, 깨끗이 세탁하여 다려 두었다가 모처럼 입은 바지가 더러워졌다. 이러한 상황은 "운이 나빠서" 일어난 불의의 사건이다. 당연히 기분이 좋을 리가 없지만, 건강한 삶의 태도를 지닌 사람은 그저 자신이 더 주의 깊게 살펴보지 못한 탓이라고 하면서, 아무 일도 아니라는 듯 툭툭 털고 다시 자신이 가던 길을 다시 묵묵히 걸어간다. 왜냐하면 '긍정적' 마인드를 가진 사람에게는 목적지에 도달하는 것만이 중요하지, 나머지는 사소한 문제이기 때문이다.

반면에 건강하지 못한 삶의 태도를 지닌 사람은 불만이 가득하여 화를 낸다. 도대체 누가 돌을 길에 갖다 놨냐느니, 왜 치우는 사람이 하나도 없냐느니, 왜 이렇게 하는 일마다 재수가 없느냐느니, 무슨 죄를 지었길래 이런 벌을 받아야 하냐느니, 자꾸 나쁜 일만 생기니 마귀를 내쫓는 부적을 쓰거나 굿을 해야겠다느니, 기도해서 신에게 도움을 구해야 한다느니 하면서 말이다. 이것은 단지 길을 가다가 돌멩이에 걸려 잠시 넘어진 것일 뿐, 그 이상도 그 이하도 아니다. 그런데 '부정적' 마인드를 가진 사람은 이처럼 사소한 일에 대해서마저 필요 이상의 온갖 의미를 부여한다. 현실을 왜곡하는 도덕주의의 프레임을 통해서 문제를 바라보려 하는 것이다. 시·비를 가르고 선·악을 평가하려 드는 것은, 바로 그렇게 해야만 못난 자존심을 지키고, 자신이 한 행위의 책임에서 벗어날 수 있기 때문이다.

길에 있던 돌멩이는 그저 돌멩이일 뿐이며 공교롭게 거기에 있었을 뿐이다. 그저 우연히 있던 돌을 내가 미처 발견하지 못하여 또는 조심하지 않았기에 생긴 해프닝에 불과한 사건에, 무슨 옳고 그름이 있고 선과 악, 죄와 벌이 있는가? 백번 양보해서 바라지 않은 일이 생겨 유감스럽다고 말할 수는 있어도, 거기에 마귀와 부적과 굿과 기도까지 들먹이는 것은 누가 봐도 건강한 삶의 자세라고 보기 어렵다. 시·비를 가르려는 관념과 선·악을 평가하려는 동기는, 이처럼 자신이 처한 삶의 현실을 있는 그대로 수긍하지 않으려는 부정적 태도에서 생겨난다.

그런데 누군가는 반론을 제기할 수 있다. 분노하지 않고 좌절하는 경우도 있을 수 있다는 것이다. 가령 돌부리에 걸려 넘어진 후 의기소침해져서 가려던 길을 포기하고 집에 틀어박혀 좀처럼 밖으로 나오지 않거나, 우연으로 치부하기에는 너무도 자주 반복되는 악재로 근심·걱정에 사로잡히거나 우울감에 빠지는 경우도 있지 않겠느냐는 것이다. 화를 내는 것이 외부로 감정을 발산하는 것이라면, 우울과 좌절은 내면으로 침잠하는 것이라는 점에서, 동일한 상황에서 상반된 방식으로 반응할 수도 있다는 것이다.

하지만 앞에서 내가 '남 탓'과 '내 탓'은 똑같은 뿌리를 공유하는 동전의 양면이라고 말했던 것을 상기하자. 분을 삭이지 '못해서' 화를 퍼붓는 것이나 침울한 감정에 사로잡혀 헤어나지 '못하는' 것이나, 비록 양상은 달라 보여도 부정적 삶의 태도에서 나왔다는 점에서는 매한가지다. 여기서 나는 '못하는' 이라는 표현을 각별히 강조하고 싶은데, 이것은 내가 "어쩌지 못한다"는 것, 그러니까 "어쩔 수 없다cannot help"는 뜻이다. 즉 '못한다'는 말로 인해 부정적 기운이 삶 전체를 휘감는다. 삶의 태도가 지닌 '부정성'은 막연하게 '나쁜' 생각만을 의미하는 것이 아니다. 오히려 그것은 이런저런 상황에 휘둘려서 '수동적'으로 반응하는 것이 전부라는 점에서 삶의 주도권을 발휘하지 못하는 '비자발성'을 뜻하며, 나아가 문제의 해결 내지는 해소를 위해 적절한 방식으로 대처하는 능력까지 상실한다는 점에서 '무력감'마저 함축한다. 바꾸어 말하면, 어떤 문제가 생겼을 때 잘 대처할 힘이 부족하기 때문에 분노를 폭발시켜 정신승리로 책임을 외면하거나, 좌절에 안주하는 것으로 자기 위로의 도피처를 삼는 셈이다.

그런데 다시 한번 강조하지만, 무엇이 선하냐 악하냐를 따지는 것은 좋으냐 나쁘냐를 평가하는 것과 일견 비슷해 보일지 몰라도 실제로 삶의 태도에서는 천양지차를 낳는다. 나는 지금 가로막혔고, 꺾였고, 지쳤고, 괴로운 상태에 있다. 이것은 분명 나쁜 상태이기는 해도 죄를 지어서 그렇거나 악해서 그런 것은 전혀 아니다. 죄악은 개선의 여지를 원천적으로 차단하는 도덕 규정이지만, 나쁜 상황은 언제든 나아져서 좋게 변할 수 있다. 그렇다면 나쁜 여건에 처했을 때 상황을 반전시키기 위해 우리에게 필요한 것은 바로 긍정적 태도를 유지하고 '힘을 향한 의지'를 발휘하는 것이 전부다. 살아가면서 "힘을 내"라는 말처럼 자주 듣는 말도 없는데, 어쩌면 이 진부하고 식상한 말 한마디에 인생의 진리가 전부 담겨 있을지도 모른다.

그런데 독자는 위의 예시가 너무 사소한 것이어서, 삶의 문제 전반에 적용하기에 부적절하다는 생각이 들 수 있다. 왜냐하면 "힘을 내"라는 말은 내뱉기는 쉬워도 막상 실천하려고 하면 말처럼 쉽지만은 않기 때문이다. 특히 삶을 송두리째 흔드는 인생 중대사에서는 말할 것도 없다. 가령 사기를 당해 사업이 망하여 하루아침에 온 가족이 경제적 곤란에 처해 길거리에 나앉는 경우나, 어제까지도 건강하셨던 부모님이 예기치 못한 사고로 돌아가셔서 심리적 공황에 빠지는 경우, 청천벽력처럼 건강검진에서 암과 같은 중병의 진단을 받는 경우 등, 인생에서 치명적인 영향을 미치는 이와 같은 사건은 길을 걷다가 돌부리에 걸려 넘어지는 일 따위와는 비교할 수 없다. 이런 어려움에 부딪히는 경우, 산다는 것이 참으로 부질없고 허망하게 느껴진다. 무엇을 위해 왜 이렇게 살아야 하는지 도무지 알 수 없는 것이다. 때로는 나 자신이 우주라는 거대한 장기판 위에서 쓸모를 다해 버려지는 말과 같은 숙명을 타고난 게 아닐까 하는 생각에 몸서리치기도 한다.

하지만 어쩌겠는가? "산 사람은 어떻게든 살아야 한다"는 말처럼 뻔하면서도 삶의 본질을 정확히 꿰뚫는 말도 없다. 어떻게든 '힘을 향한 의지'를 발휘하여 살아가는 것 외에 무엇이 더 있겠는가? "삶이란 그저 살아가는 것일 뿐 그 이상도 그 이하도 아니다." 그런 점에서 다른 한편으로 생각해 보면, '살아간다'는 것처럼 놀라움을 자아내는 대단한 일도 없다. 죽지 않고 '살아 있다'는 것, '의지를 잃지 않는다'는 것, '힘을 낸다'는 것, 그렇게 함으로써 하루하루를 '살아 낸다'는 것은 생각하면 생각할수록 그 자체로 엄청난 일인 것이다.

고통이라는 인생의 기본조건을 바꿀 수 없다면, 다음과 같이 태도를 전환해 보면 어떨까? 난관과 장애는 극복하면 그뿐이라고 말이다. 누구를 탓하지도 원망하지도 않고 그저 있는 그대로의 세상을 바라보면, 내가 삶에서 겪는 불만족과 괴로움은 누구의 잘못에 원인이 있는 것도 아니고 도덕적 의미에서의 죄는 더더욱 아니며, 그저 원하는 바에 도달할 힘이 부족했든지 아니면 넘어졌다가 다시 일어설 만큼의 의지가 부족했든지 단지 그뿐인 셈이다. 바꾸어 말하면, 인생에서 잘못된 것처럼 보이는 모든 일은 사실 아무것도 잘못되지 않았다. 왜 이런 일이 일어났는가를 이성과 논리를 동원하여 분석하고 원인을 규명해 봐야 사는 데에 아무런 도움도 되지 않는다. 중요한 것은 "지금 어떻게 살고 있는가? 그리고 앞으로 어떻게 살아갈 것인가?"이기 때문이다. 내가 바라는 만족스러운 삶을 살고 있지 못하다면, 그것이 자질이든 지식이든 노력이

든 판단이든 결정이든 행동이든, 그저 나의 역량이 거기에 살짝 미치지 못했기 때문인 것이다.

따라서 우리에게 "중요한 것은, 꺾이지 않는 마음(중꺾마)"이자, 다시 일어설 용기인 '힘을 향한 의지'뿐이다. 한국 영화 〈최종병기 활〉의 후반부에 다음과 같은 대사가 나온다. "바람은 계산하는 것이 아니라 극복하는 것이다." 실패와 좌절을 두려워하지 않고, 아니 실패와 좌절에도 불구하고 의연히 다시 일어나 그저 살아가는 것, 힘의 논리에 따라 운행하는 세상에서 주어진 상황을 직시하고 담담히 수용하면서, 문제를 극복하는 과정에서 끊임없이 배우며 한 걸음 한 걸음 끊임없이 성장하며 나아가는 삶의 태도를, 니체는 "디오니소스적 긍정"이라고 부른다.

분노와 좌절이라는 부정적 태도와 반대되는 긍정적 자세에 왜 이러한 이름이 붙었는가? 그리스 신화에 따르면 술과 축제의 신인 디오니소스Dionysos는 어린 시절 타이탄에 의해 온몸이 찢겨 죽임을 당하였으나 되살아났다고 한다. 하찮은 인간은 말할 것도 없고 범상치 않은 영웅이나 신적 존재조차도 만약에 이렇게 끔찍한 일을 당했다면 비운 속에서 슬퍼하거나 억울해하며 상황을 원망하는 것이 당연했으리라는 생각이 든다. 하지만 디오니소스는 그렇게 하지 않았다고 한다. 소멸과 죽음은 누구의 책임도 아니기에 그는 자신의 죽음에 억울함을 호소하며 책임을 묻거나 원망하지 않았다는 것이다. 니체가 삶의 태도로서의 긍정을 이야기하면서 디오니소스를 끌어들이는 이유는, 그가 죽음을 겪으면서도 끝없이 부활하는 건강한 생명력의 상징이기 때문이다. 피로 해소와 활력 증진을 위한 제품으로 유명한 '박카스'가 디오니소스의 로마식 이름인 '바쿠스*Bacchus*'에서 이름을 따온 것은 바로 이러한 이유에서다. 죽음마저도 기꺼이 긍정하면서 고통을 승화하는 불멸의 생명력을 보여 주는 상징적 존재가 바로 디오니소스인 것이다.

니체의 '디오니소스적 긍정'에서 나는 대한민국 육상을 대표하는 우상혁 선수가 떠오른다. 남자 높이뛰기 한국 최고 기록 보유자인 그는, 2020년 도쿄 올림픽에서 메달권 진입에 실패했지만 한국 올림픽 역사상 트랙과 필드를 통틀어 개인전 최고 순위인 4위라는 값진 기록을 달성하였고, 2022년에는 한국 육상 최초로 세계육상선수권에서 은메달을 획득하였다.

이로써 그는 육상 불모지 한국이 배출한 세계가 주목하는 선수로 우뚝 솟을 수 있었다. 비록 2024년 파리올림픽에서 기대보다 저조한 기록으로 메달 획득에 실패하고 말았지만, 그는 다음을 기약하며 다시 꿋꿋이 훈련에 매진하겠다는 다짐을 밝혔다. 우상혁의 별명은 "스마일 점퍼"로 알려져 있다. 언제나 도움닫기를 시작하기 전에 환한 미소를 짓고, 설사 도전한 높이를 넘는 데에 실패하더라도 밝은 웃음을 잃지 않기 때문이다. 도약하기 전에 무슨 생각을 하느냐는 물음을 받고 그는 이렇게 답했다. "할 수 있다, 올라간다!" 마음속으로 되뇌는 무한 긍정이 얼굴의 웃음으로 표현된 것이다.

하지만 이것은 오랜 기간 시련의 눈물을 자양분으로 삼은 의지의 발현이다. 알려진 바에 따르면, 그는 어렸을 때 불의의 교통사고로 인해 발가락 모양이 변형되었고, 심지어 좌우의 균형도 일치하지 않는다고 한다. 선수로서 치명적인 신체적 핸디캡에도 불구하고, 불굴의 도전 정신과 피나는 노력을 통해 기록을 조금씩 늘려 갔던 것이다. 그래서 목표한 높이의 장대를 뛰어넘느냐의 성패와 관계없이 그는 이미 삶의 승자가 된 것이나 마찬가지다. 그는 더 이상 실패가 두렵지 않다.

무수히 많은 실패 속에서도 언제나 다시 일어설 의지가 있기 때문이다. 얼마든지 실패해도 아무렇지 않게 자신에게 긍정의 주문을 걸고 환히 웃을 수 있는 것은, 장애와 한계는 넘어서기만 하면 아무것도 아니라는 것을 알기 때문이다. 그런 점에서 보면 우상혁이야말로 니체가 말하는 '디오니소스적 긍정'을 체화한 사람이 아닐까?

4. 아모르파티 *amor fati*

'디오니소스적 긍정'이라는 삶의 태도는 "아모르파티"라는 니체의 유명한 문구로 연결된다. 한국에서도 크게 인기를 얻었던 대중가요의 제목으로도 잘 알려진 '아모르파티'는 떠나버린 사랑에 연연하거나 슬퍼하지 말고 새로운 사랑을 찾자는 통속적인 가사의 내용보다 훨씬 더 크고 심오한 의미를 담고 있다. 그것은 바로 "운명애 *love of fate*"를 가리킨다.

"자신의 운명을 사랑하라"는 말은, 어차피 뭘 해도 안 되니 체념하라거나 삶은 이미 결정되어 있으니 단념하고 순응하라는 뜻이 전혀 아니다. 오히려 니체는 이것과는 철저하게 반대되는 것을 요구한다. 실패와 좌절과 슬픔과 고통까지도 기꺼이 사랑할 수 있을 만큼, 자신의 삶을 무한히 긍정하라는 것이다. 말만 들어서는 이게 무슨 대단한 삶의 비결인가 싶을 정도로 진부하기 그지없다. 이 세상에 삶을 사랑하지 않는 사람도 있단 말인가? 모든 이들이 자기를 사랑하지 않는가? 그러나 면밀히 살펴보면 반드시 그런 것은 아니며, 어쩌면 대다수가 그렇지 않을 수도 있다. 겉보기에는 자신의 삶을 사랑하는 것 같지만 진정으로는 그렇지 않은 모습을, 나는 고대 그리스 신화를 통해 살펴보고자 한다.

1) 자기중심적 나르시시즘^{Narcissism}

일단 니체가 말하는 아모르파티는 우리가 통상적으로 이해하고 있는 '자기애'와 전혀 다르다는 점을 지적하고 싶다. 정신분석이나 심리학에서 말하는 자기애는, 세상 모든 일을 자기중심적으로 생각하고 자기를 가장 중요한 존재로 여기면서 자신을 돋보이게 하거나 자신의 이익에 민감하여 타인을 경멸하기도 하는, 일종의 성격장애로 규정된다. 이러한 자기애는 공감 능력의 부재와 타인과의 관계 결여를 특징으로 하는 자아도취, 즉 나르시시즘과 밀접한 관련을 맺고 있다. 고대 그리스 신화에 따르면, 나르키소스Narcissus가 호수를 바라보다가 사랑에 빠진 것은 있는 그대로의 자기 자신이 아니라 자신의 이상적인 모습이었다. 여기서는 빛의 투과·굴절·반사와 같은 과학의 관점이 아니라 존재론적 관점에서 신화를 해석해야 한다. 즉 실제 '현실에서의 모습'과 그것의 반영으로서의 '가상적 이미지' 사이에는 존재론적 관점에서 간극이 있는 것이다.

물론 신화에서는 나르키소스가 자신의 모습을 비추어 보기 이전에 대해서는 특별한 언급이 없다. 하지만 분명한 것은 그가 자신과 사랑에 빠진 것은 물에 비친 이미지를 보고 난 이후라는 점이다. 그렇다면 나르키소스는 평소에 자신의 모습에 대해 전혀 알지 못했다거나, 설령 알았더라도 자아도취에 빠질 만큼은 아니었다는 해석을 시도할 수 있다. 즉 현실과 이상 사이의 괴리가 자기애를 구성하는 핵심 요소인 셈이다. 현실은 이렇게나 결함과 하자가 많아 부족하고 못마땅한데, 이를 단번에 만회하고도 남을 이상적인 모습이 저기에 있다. 그래서 여기에 있는 '현실의 나'를 저기에 있는 '가상의 나'로 옮겨 놓고 그것을 사랑함으로써 자신을 사랑하는 것이 바로 나르시시즘이다.

내가 『안티크리스트』를 분석하고 있는 방향에 맞추어, 독자는 현실과 이상의 괴리라는 테제를 나르시시즘에도 적용해 보기를 권한다. 이상적인 것, 완전한 것, 영원한 것은 현실적인 것, 불완전한 것, 변화하는 것의 대리물에 지나지 않는다. 나르시시스트의 자기애는, 불완전하지만 그럼에도 진짜인 현실에서의 자기 모습을 사랑하는 것이 아니라, 불만족과 좌절감과 무기력을 일거에 해소해 줄 가상의 이미지에서 대리만족을 구하는 것이다. 그렇기에 반드시 자아도취적 인격장애로서의 자기애가 아니라고 하더라도, 무의식적으로나마 이런 방식으로 자기를 사랑하고 있는 것이라면 그것은 또 하나의 현실도피·자기 위로·정신승리일 뿐이다. 요컨대 나르시시즘은 겉으로 보이는 양상처럼 자신을 사랑하는 것이 아니며, 실제로는 자기를 혐오하는 것이다.

그런데 우리는 성격장애로서의 자기애가 타인에 대한 착취와 연결된다는 점도 간과해서는 안 된다. 한마디로 이기적인 자기중심주의는 타인의 삶을 갉아먹는다. 이것도 나를 위해서 존재하고 저것도 나를 위해서 존재하며, 그러니까 "답은 이미 정해져 있으니 너는 내가 정해 준 그대로만 하라(답정너)"고 강요하는 식이다. 이런 일이 벌어지는 것 역시 앞서 말한 이상과 현실의 괴리에 기인한다. 내가 바라는 것은 이상적이고 완벽한 것임에 반하여, 현실은 불완전하고 못마땅하기만 하다.

이들은 가상의 이미지를 자기로 간주하는 것을 넘어서, 타인마저도 자신의 연장으로 간주한다. 그래서 자기 영역 안에 있는 못마땅한 것을 그냥 있는 그대로 두고 볼 수가 없으며, 내가 원하는 방식으로 바로잡아야 직성이 풀린다. 이런 태도가 삶에서 성취를 가져다주기도 하지만, 문제가 되는 것은 시종일관 타인을 들들 볶는다는 데에 있다. 심지어 자기가 설정한 목적을 위해서는 수단과 방법을 가리지 않는 냉혈한이 되기도 한다. 나는 이러한 모습에서 니체가 비판하는 흡혈귀와 기생충이 연상된다.

다시 한번 말하지만, 나르시시스트는 타인을 나와 독립된 인격체가 아니라 자신의 확장이라고 생각한다. 이런 점을 고려하면, 나르시시스트가 타인을 착취하는 것은 결국 내가 나의 삶을 갉아먹는 것이다. 왜냐하면 진정한 차원에서는 내가 나 자신을 못마땅하게 여기고 있기 때문이다. 겉으로는 내가 살자고 타인을 괴롭히는 것처럼 보이지만, 실상 그렇게 함으로써 정작 내가 못살게 구는 것은 바로 나 자신이다.

2) 자기방어적 에코이즘Echoism

그런데 나르키소스의 신화는 아직 끝나지 않았다. 그리스 신화에는 나르키소스의 아름다움에 반해 그를 사랑하게 된 요정 에코Echo가 등장한다. 에코라는 단어는 메아리를 뜻한다. 메아리란 무엇인가? 그것은 되돌아오는 소리, 즉 반향反響이다. 에코는 나르키소스와 대화하고 싶었지만 먼저 말을 걸 수가 없었다. 오직 그가 하는 말을 그대로 받아 되풀이하는 것이 최선이었다. 이에 나르키소스는 주위에 아무도 없다고 생각하여 떠나 버렸고, 에코는 슬픔과 시름으로 동굴이나 절벽에서만 살았다는 것이 이 이야기의 골자다.

여기에서 중요한 점을 지적할 수 있는데, 그것은 에코가 자발성을 근본적으로 결여한 채 수동적 반응의 양상으로만 존재할 수 있다는 점이다. 가끔 시사 뉴스를 보면, 평론가가 어떤 정치인을 가리켜 "그는 발광체가 아니라 반사체일 뿐"이라고 말하는 것을 듣게 되는 경우가 있다. 마치 태양처럼 스스로 빛을 내는 자율성을 지닌 존재가 아니라, 먼저 빛을 발하는 누군가의 영향권 내에서만 의미를 지니는 수동적 존재라는 뜻이다. 그래서 나르시시즘과 반대되는 개념인 에코이즘은, 자기를 사랑하는 것처럼 보일 것을 두려워한 나머지 전적으로 타인에게 의존하는 성격장애를 말한다.

에코이스트는 삶에서 자신이 중심에 서게 되는 것을 극도로 싫어하며, 필요 이상으로 타인에게 동조하는 경향이 있다. 이들은 주체성을 확립하기는 고사하고 최소한의 자아마저 형성되어 있지 않다. 물론 문자 그대로 자아가 존재하지 않는 것은 아닐 것이다. 하지만 그 자아가 어떠한 자아이며 제대로 기능하고 있는지가 문제다. 이들이 맹목적으로 타인에게 동조하는 것은, 타인으로부터 비난을 받고 싶지 않아서다. 왜냐하면 유리처럼 부서지기 쉬울 만큼 자아가 연약하기 때문이다. 어쩌면 외부의 압력으로부터 자신을 보호하기 위한 방어

기제로 의존이라는 전략을 택한 것인지도 모른다.

에코이스트는 이러한 방법을 취함으로써 외부로부터의 압력을 전향하여 자기 내부로 돌린다. 자기를 방어하기 위한 조치의 반대급부로 자기를 억압하는 것이다. 에코는 목소리를 낼 수 없는 자신의 모습에 실망한 나머지, 슬픔과 좌절에 잠겨 동굴 속으로 숨어 버렸다. 에코가 동굴 속으로 모습을 감춘 것은 자신의 내면으로 끝없이 침잠하는 우울감과 비슷하고, 목소리를 내지 못한 스스로를 자책한다는 점에서 죄의식과도 비슷해 보인다. 나는 이러한 모습에서 니체가 비판하는 그리스도교인의 죄의식이 연상된다.

니체의 '아모르파티'를 해설하다가 그리스 신화를 언급한 까닭은, 진정으로 자기를 사랑한다는 것이 말처럼 쉽지 않다는 점을 강조하고 싶어서였다. 이 세상에 자신의 삶을 사랑하지 않는 사람은 한 사람도 없다고들 한다. 하지만 정도의 차이는 있을지언정, 대부분의 사람이 하는 자기 사랑은 나르시시즘이나 에코이즘을 양극단으로 하는 스펙트럼 어딘가에 위치할 확률이 높다. 비록 양상은 정반대이지만, 나르시시스트나 에코이스트 모두 진정한 의미에서 자기 자신을 있는 그대로 사랑하지 못하는 병든 존재에 불과하다. 그것이 분노와 자기중심적 폭압의 방식으로 표출되든, 아니면 자책과 자기방어적 의존의 방식으로 표출되든, 병리적 심리의 근본 원인은 삶에 대한 불만족에 있는 것이다. 니체가 그리스도교를 사랑의 종교가 아니라 원한의 종교라고 규정한 것과 같은 원리로, 이들의 자기 사랑은 결국 자기 혐오에 불과한 셈이다.

있는 그대로의 모습으로 자신을 긍정한다는 것은 생각만큼 쉬운 일이 아니다. 자신의 삶을 진정으로 사랑하기 위해서는, 못남·결함·실패·좌절·괴로움·슬픔까지도 기꺼이 보듬을 수 있을 만큼 사랑하지 않으면 안 되기 때문이다. "너는 죄를 짓지 않았다. 잘못된 것은 아무것도 없다. 너는 그저 단지 힘이 없어서 지치고 돌부리에 걸려 잠시 넘어졌을 뿐이다. 그러니 누군가를 원망하거나 다른 것을 탓하지도 말고 다시 일어나서 너의 길을 가라. 그리고 도달하고 성취하라. 그 과정에서 겪을 실패와 좌절, 슬픔과 고통마저도 자양분으로 삼아 더 큰 존재로, 더 높은 존재로 성장할 가능성을 무한히 펼쳐라." 이것이 내가 이해하는 니체의 '아모르파티'다.

그런데 이러한 '아모르파티'는 절대자에 의한 구원처럼 단번에 이루어지지 않는다. 왜냐하면 자신을 사랑하는 삶의 태도는 단계적 성장의 과정을 통해서만 도달하게 되기 때문이다. 즉 삶에서 아모르파티를 실천하기 위해서는, 그에 앞서 필연적으로 거쳐야만 하는 이행의 단계가 있다. 그런 맥락에서 니체는 "인간 정신 발달의 3단계"를 제시한다.

5. 낙타

첫 번째 단계는 '낙타'다. 낙타 하면 어떤 이미지가 떠오르는가? 폭염이 작열하는 사막에서 갈증이 일어도 물도 제대로 마시지 못한 채 등에 짐을 잔뜩 싣고 그저 주인에게 매를 맞지 않기 위해 터벅터벅 발걸음을 떼는 슬픈 동물이 떠오르지 않는가? 니체는 낙타의 비유를 통해서 '노예의 도덕'이라는 굴레에서 벗어나지 못하는 삶의 태도를 말하고 있다. 낙타처럼 살아가는 사람은 자신이 삶의 주인이 아니다. 그는 그저 타율에 길들여져 마지못해 움직이는 수동적 노예에 불과하다.

대학 입시를 치르기 위한 수험 생활을 한번 떠올려 보면 어떨까? 입시 제도는 내가 만든 것도 아니고 선택할 수 있는 것도 아니다. 이런 상황에서 나라는 존재는 그저 다른 사람이 짜 놓은 규칙에 따라 움직이는 꼭두각시에 불과하다고, 이 모든 상황이 부당하다고 느낀 적이 누구에게나 있을 것이다. 그러나 이러한 상황에 대처하는 삶의 태도는 사람마다 다르다. 하기 싫은데 울며 겨자 먹기로, 전혀 의욕이 없는데도 마지못해, 남들이 하니까 나도 아무런 생각 없이, 이런 방식으로 꾸역꾸역 수험 생활을 하지는 않았는가?

사회에 나와도 이러한 태도로 살아가는 일은 드물지 않다. 그저 주어진 업무와 과제에 치여, 정작 삶의 의미조차 상실한 채 그저 '비루한 밥벌이'를 위해 하루하루 급급하게 살아가는 사람들이 많은 것이다. 이들은 다람쥐 쳇바퀴처럼 반복되는 단조로운 삶에 만족하지도 못하지만 그렇다고 뾰족한 대안도 없어서, 불만족스럽고 무의미해도 그저 꾸역꾸역 무기력하게 살아간다. 아마도 적지 않은 사람이 감히 용기 내어 꺼내지도 못할 사직서를 가슴에 품고서, 각자의 일터에서 그리고 삶의 현장에서 매일매일 '울며 겨자 먹기'로 마지못해 일하고 있을 것이다.

이처럼 낙타는 외부로부터 부과된 도덕과 의무에 순응하고 복종하는 사람이다. 여기서 순응과 복종이라는 말이 다소 적절치 않게 느껴지는 것은, 이들이 문자 그대로 '흔쾌한' 마음으로 '기꺼이' 그렇게 하는 것이 아니기 때문이다. 나는 앞서 2장 4절에서 부모로부터 학대를 받는 아이의 심리를 재구성하며 '분노'가 '무력함'으로, 그리고 이것이 다시 '체념'으로 바뀌는 과정을 언급한 적이 있다. 낙타의 삶을 살아가는 사람도 불만족을 느낄 수 있다. 하지만 그러한 상황으로부터 아예 '벗어나거나', 아니면 그러한 상황에 대해 '저항하거나', 그것도 아니면 문제가 되는 상황 자체를 '타개하려는' 아무런 힘도 의지도 지니고 있지 않다.

그래서 겉으로 보기에 이들의 태도는 순종적으로 보이지만, 실상 이들의 내면 깊은 곳에 도사리고 있는 것은 해소되지 않은 억압과 울분이다. 주어진 상황과 당면한 문제는 이들에게 버겁다. 외부의 요구를 수용하자니 고통스럽고, 그렇다고 거부하자니 힘이 없다. 이럴까 저럴까를 저울질하다가 급기야 마음속에서 자아가 분열되고, 또 다른 나와의 갈등과 투쟁에 에너지를 전부 소진하고 나면, 마음은 지칠 대로 지쳐 너

덜너덜해진다. 그러면 "에라, 모르겠다. 될 대로 되라"는 식의 자포자기, 또는 "인생 뭐 별거 있냐?"는 무기력한 자조, 그리고 "오늘도 대충 수습이나 하자"는 현실도피적 안주를 체화한다.

이런 사람은 자기를 나약하고 무력한 존재로 간주하는 것을 넘어서, 정작 자신이 무엇을 바라고 원하는지조차 망각해 버리는 지경에 이른다. 그래서 역설적으로 들릴 수 있지만, 이들은 오히려 강력한 힘을 지닌 누군가의 지배와 조종에 취약한 처지로 내몰리는 것을 은근히 바라면서 즐기기도 한다. 이럴까 저럴까 어찌할 줄 모르고 심란하게 고민하는 것보다는 차라리 다른 사람이 정해 주는 대로, 타인이 이끌어 주는 대로, 남이 원하는 대로 맞추어 사는 것이 편하다. 왜냐하면 그저 시키는 대로만 하면 아무런 탈도 없고 근심할 필요도 없기 때문이다. 무엇보다 책임질 필요가 없다는 사실에 안도감이 든다.

삶의 주인이 되어 책임을 지지 않아도 되니 얼마나 편리한가? 처음에는 누군가에게 일방적으로 이끌려 가는 삶에 거부감이 들고 부담감과 괴로움에 시달리기도 했지만, 이제는 다 내려놓았다. 더 이상 싸울 용기도 의지도 힘도 없고 지칠 대로 지쳐서 이제는 그저 "등 따습고 배부르고 속이 편하기만 하면" 그게 인생 최고의 낙이 아닌가 싶다. 이런 방식으로 아무런 고통이 없는 상태만을 바라며, 무기력에 안주하고, 권태에서 안락을 느낀다.

한때 인터넷에서 유행하던 말로 '귀차니즘'이 있다. 이것은 세상살이 만사가 귀찮아서 아무것도 할 의욕이 나지 않는 상태가 확고히 자리 잡아, 아예 그러한 무기력을 적극적으로 추구하는 삶의 태도를 가리킨다. "이미 아무것도 안 하고 있지만, 더 격렬하고 더 적극적으로 아무것도 안 하고 싶다." 여기서 내가 '적극적으로'라고 말하기는 했으나, 실상 그것은 주어진 상황에 대한 외면, 당면한 문제로부터의 회피를 뜻한다. 현실도피라도 '적극적으로' 한다고 하니 그것만으로도 아직은 삶에 대한 일말의 의욕이 조금이나마 남아 있는 것은 아닐까 오해하게 만드는 표현인데, 실상 이렇게 숨만 쉬며 사는 사람은 진정으로 '살아 있다'고 보기 어렵다. 귀차니즘이 갈 데까지 가서 세상 밖으로 나오기는 고사하고 "이불 밖은 위험하다"며 자신만의 동굴로 기어들어 가는 자폐적·은둔적 태도는, 삶의 의미와 가치를 상실하고 낙오자·패배자가 되기를 자처하는 데카당스에 다름 아닌 것이다.

낙타는 현실이 두렵다. 왜냐하면 현실의 무게를 감당할, 나아가 현실과 맞서 싸울 힘이 없고 나약하기 때문이다. 처음에는 분노하기도 하고 반항하기도 한다. 심지어 온갖 것을 탓하면서 말이다. 국가와 사회를 비판하고 조상과 부모를 원망한다. 팔자와 운명에 화를 내 보지만 이것이 터무니없는 억지라는 사실은 누구보다도 자기 자신이 잘 알고 있다. 그래서 이제는 자신의 무능력을 탓하면서 죄책감에 사로잡힌다. 나를 비웃는 듯한 외부의 시선도 괴롭지만, "내가 못나서 그렇다"라는 자인과 "모든 것은 내 탓이다"라는 죄의식을 고스란히 견디는 것도 부담스럽고 버겁기만 하다. 그래서 급기야 오로지 마음의 편안과 몸의 안락을 구할 뿐이다. 그에게는 문자 그대로 "아무 일도 일어나지 않는 것nothing happens"만이 최우선의 가치이며, 무료와 권태에 안주하는 현실도피로 자위한다.

마치 득도라도 한 것처럼 의젓하게, 현실과 굳이 싸울 필요를 못 느낀다고 짐짓 달관한 듯 말하지만, 사실은 감당할 자신이 없는 문제 상황으로부터 끊임없이 도망치려는 궁리만 하고 있을 뿐이다.[16] 도피는 자기보다 압도적으로 강한, 그래서 절망과 비참으로부터 구원해 줄 누군가의 손에 자신의 운명을 전적으로 내맡기는 것이다. 스스로 삶의 주인이 되지 않으려는 책임 회피를 타인이 부과하는 의무와 운명에 대한 순종이라는 허울 좋은 명분으로 포장하여 정신승리하면서 말이다.

6. 사자

인간 정신 발달의 두 번째 단계는 '사자'다. 낙타와 달리 사자는 최상위 포식자이자 밀림의 왕이다. 사자는 목표를 정하

---

16 이 책의 4장 5절에서 '힐링'과 '소확행'을 평가하며 다시 언급하겠지만, 이러한 삶의 방식은 일본의 MZ세대를 지칭하는 '사토리 세대'와 연결된다. '사토리(さとり)'란 '깨달음'을 뜻한다. 즉 마치 수도승이 대오각성하여 해탈하기라도 한 것처럼, 경제적 부나 사회적 성공은 물론 자신에게 불필요하다고 생각되는 현실적인 것에 전혀 관심을 두지 않고, 그렇다고 또 다른 어떤 것을 적극적으로 추구하거나 시도하려고도 하지 않는 삶의 태도를 일컫는다. 즉 이들은 현실에 관심이 거의 없으며, 그저 생존을 위한 최소한의 욕구 충족에 적당히 만족하며 살아간다. 그러나 니체를 해설하는 나의 관점에서는 이러한 세태에 비판을 제기하고 싶다. 겉으로는 마치 도(道)를 깨우치기라도 한 것처럼 포장하고 살아가지만, 실상 이들은 현실적인 것에 대해 정말로 초연한 것이 아니라, 일종의 문제 회피적 "정신승리"를 하고 것은 아닐까 의문이 드는 것이다. 하지만 어디 일본만의 문제고 청년만의 문제이겠는가? 한국의 문제이기도 하도, 연령과 관계없이 모든 이에게 해당되는 문제이기도 하다.

고 먹이를 사냥한다. 그리고 맹렬하게 돌진하여 원하는 성취를 얻어 낸다. 그는 자발적일 뿐만 아니라 능동적인 존재이며, 이것은 강한 힘을 지녔기에 가능하다. 낙타와 같은 노예가 아니라 탁월한 귀족에 어울리는 존재가 바로 사자인 것이다.

기왕에 대학 입시를 예시로 들었으니, 여기에도 대입해 보기로 하자. 입시 제도는 불합리할 뿐만 아니라 수험생에게 가혹하리만치 많은 부담을 짊어지운다. 하지만 주어진 조건과 삶의 현실이 그러한데 도대체 무엇을 어찌할 수 있을까? 신세를 한탄하며 넋을 놓고 있다가는 낙오되고 도태될 뿐이다. 일단은 목표한 대학, 희망하는 학과라는 제한된 자원을 놓고 벌이는 경쟁에서 어떻게든 이기고 보는 것이 우선이다. 그래서 누구에게도 뒤지지 않을 만큼 열심히 공부한다. 결국 다른 학생을 밟고 올라서 목표한 성취에 도달하였다. 승자가 된 것이다. 그런데 어찌 된 일인가? 모두가 선망하는 대학에 진학했음에도 불구하고, 마음은 공허하기만 하다. 더욱이 진학의 기쁨도 잠깐일 뿐, 학점과 취업 등 또 다른 경쟁의 연속이다. 스스로 동기를 불어넣는 자가발전에도 한계가 있지, 도대체 끝날 것 같지 않은 무한경쟁을 언제까지 버텨 낼 수 있을까?

고독하고 불안감이 엄습한다.

사자에게는 외부의 요구와 압력을 자신의 힘으로 헤쳐 나가려는 힘도 있고 목표를 성취하려는 의지도 있다. 싸움을 회피하는 낙타와 달리 사자는 싸움을 할 줄 아는 존재다. 하지만 그런 힘을 지녔다고 하더라도 "도대체 무엇을 위해 싸울 것인가?"가 문제다. 그가 정작 바라는 것은 무엇이며, 진심으로 도달하기를 원하는 곳은 어디인가? 모두가 선망하는 대학에 진학하는 것이 자신이 진정으로 원하는 것이었을까? 오히려 자신이 살아가고 싶은 삶은 따로 있는데, 세상 사람들이 좋다고 여기는 가치와 부모가 정해 준 진로가 인생의 정답이라고 믿으며 그저 앞만 보고 달려온 것은 아닌가?

물론 어느 대학을 진학해서 어떤 직업을 얻고, 무슨 직장에 들어가 어떻게 성공하겠다는 인생의 로드맵이 있는 것이 나쁜 일은 아닐 것이다. 그러나 어찌 세상살이가 순탄하게 흘러가기만을 바라겠는가? 뜻하지 않은 곤란을 겪을 수도 있고, 목표를 이루지 못하는 상황에서 좌절에 빠질 수도 있다. 성취에 집착했던 것이 오히려 자신을 위태롭게 만드는 것이다. 왜냐하면 기존에 정해진 가치 질서에서 한 치도 벗어나지 못하는 한계와 의존성을 드러내기 때문이다. 그러니까 사자는 힘을 지니고 있지만, 아직은 성공과 실패, 성취와 낙오에 대한 기성의 관념에 사로잡혀 있다. 즉 세상이 부과하는 가치를 수행하는 능력은 있어도, 새로운 가치를 창조하는 진정한 주체는 되지 못한다. 그렇기에 사자는 자신이 꿈꾸는 삶, 진정한 자유를 실현할 수 없다. 왜냐하면 세상이 요구하는 가치와 규범에 의문을 품고 반기를 들어 본 적이 없기 때문이다.

사자는 세상이 요구하는 가치 질서를 타인에게 강요하기도 한다. 주위를 둘러보면, 사회적·경제적으로 성공한 부모가 자녀의 삶 일거수일투족을 감시하여 억압적으로 양육하는 경우를 보게 된다. 그들은 신경쇠약에 걸릴 정도로 "반드시 ─해야 한다"와 "절대로 ─해서는 안 된다"라는 강박관념에 사로잡혀 있다. 이른바 '성공방정식'이랍시고 정해 놓은 삶의 방식이 모든 이에게 적합할 리는 만무함에도, 그들은 오직 그것만이 유일한 답이라며 자식을 쉬지 않고 들들 볶아 댄다. "이것은 옳은 것이고 저것은 그른 것"이며, 따라서 "반드시 이렇게 해야만 하고 저렇게 하면 절대로 안 된다"면서 말이다.

언젠가 초등학교 의대반을 운영하는 학원과 관련된 뉴스

를 보고 경악한 적이 있는데, 이들에게는 오직 의사가 되는 것만이 영원한 복을 보장하는 구원의 길이다. 마치 광신적 그리스도교인이 "예수 천국"을 외치는 것처럼, 성공에 미쳐 "의대 천국"을 신봉하는 것이다. 이러한 믿음을 세뇌하는 "진학 컨설팅"은 비즈니스라는 관점에서 종교의 "구원 컨설팅"과 크게 다르지 않다. 문제 푸는 기계가 되어 한때 승자의 기쁨을 누린다 한들 그러한 삶이 얼마나 만족스럽고 행복할 것인가? 게다가 특정 가치만을 유일한 진리로 신봉하는 삶은 얼마나 무너지기 쉬울 만큼 위태로운가? "무엇이 아니면 안 돼"를 뜻하는 "전부가 아니면 전무all or nothing"라는 사고방식은, 다양한 가치와 다른 방식의 존재의 가능성을 전혀 고려하지 못한다는 점에서 편협함과 절박함의 한계를 적나라하게 드러낸다. 그런 점에서 사자로 상징되는 삶의 태도는 니체가 말하는 궁극적인 인간상으로부터 아직은 거리가 멀다.

7. 아이

이제 마지막으로 인간 정신 발달의 가장 높은 단계에 이르렀다. 사자보다 더 강한 세 번째 단계는 무엇일까? 사자보다 힘이 강한 동물이어야 하니 코끼리는 어떤가? 하지만 니체의 답은 전혀 의외다. 니체는 최고 수준의 삶을 살아가는 존재가 바로 '아이'라고 말한다. 신생아만큼 연약한 존재가 어디 있다고, 아이를 세상에서 가장 강한 존재라고 부르는 것일까? 혹시 갓 태어난 아이보다 때 묻지 않고 순수한 존재를 찾기 어렵기 때문에, 아이가 가장 높은 단계의 인간이라고 말하는 것일까? 일면 그러한 뜻을 새겨보는 것도 의의가 없지는 않을 것이다. 하지만 나는 이러한 해석에 유보조건을 하나 달고 싶다. 아이가 순수한 것은 "전혀 때가 묻지 않아서"가 아니라 차라리 "온갖 때를 마다하지 않아서"이기 때문이라고 말이다.

아이는 사자처럼 기성의 규범과 틀에 맞춰 살아가지 않는다. 아이는 그저 삶의 욕구와 본능에 충실할 뿐이다. 그래서 아이에게는 성공도 실패도 승리도 패배도 존재하지 않는다. 주어진 규칙에 따라 겨루는 시합에는 엄연히 성패가 존재하지만, 놀이에는 승부라는 관념이 아예 존재하지 않는다. 세상에 대한 호기심으로 가득 찬 아이에게는 삶에서 경험하는 모든 것이 놀이와 같다. 더러운 진흙도 만지고 고여 있는 빗물에 발을 담그기도 한다. 어른의 눈에는 지저분하기 짝이 없는 일을 왜 하는 걸까 싶은 생각이 드는데도, 아이는 뭐가 그리 재미있는지 그저 노는 데에 몰입해 있다. 붉은 장미가 예뻐 보여 만지다가 손에 가시가 찔리기도 하고, 케이크 위의 촛불에 호기심을 느껴 얼굴을 가까이 가져갔다가 데이기도 한다. 그러나 얼마간 울음을 터뜨리고 나면 언제 그랬냐는 듯 다시 천진난만한 웃음을 터뜨린다.

이처럼 아이에게는 삶의 과정 자체가 놀이와 같다. 아이가 하는 놀이는 세상이 부과한 틀에 따라 "이렇게 해야 한다"거나 "저렇게 하지 말아야 한다"는 규칙 따위가 정해져 있지 않다. 파울라인도 그려져 있지 않은 동네 공터에서 그저 우르르 몰려다니면서 공을 차던 어린 시절의 축구가 더 재미있었다는 생각이 드는 이유는 무엇일까? 거기에는 승부나 규칙이라는 관념이 아예 존재하지 않기 때문이다. 이기고 지는 시합이 아니라 마냥 즐거운 놀이란 그와 같은 것이다. 놀이와 같은 삶에는 따라야만 하는 기존의 가치 질서로서의 시·비가 없고, 미·추도 없으며, 선·악도 없다. 오히려 호기심으로 가득한 아이는 자신이 경험하는 세상 모든 것에 그때마다 새로운 의미를 부여하며 스스로 가치를 만들어 낸다. 그저 그때마다의 삶의 순간에 몰입하면서 다양한 경험을 통해 끊임없이 배우고 성장하며 가치를 창조하는 것, 이것이 곧 아이라는 존재가 지닌 무한한 가능성이자 잠재력이다.

니체의 관점으로 보면, 삶이란 의지를 통한 끊임없는 성장과 발전의 과정일 뿐이다. 무엇인가를 얻기 위한 수단으로서가 아니라, 그저 성장하는 것 자체가 생명의 목적이다. 그것은 마치 묘목이 양분을 섭취하여 굵고 높은 나무가 되는 것, 또는 유체가 성체가 되는 것처럼 자연스러운 일이다. 그리고 이러한 자연스러운 본성에 몸을 맡길 때 인간은 진정으로 자유로운 존재가 될 수 있다. 아이는 성장하려는 본능에 충실하기 때문에 강한 존재이지, 물리적으로 완력이 세기 때문에 강한 존재가 아니다. 즉 아이는 물리적으로 제약이 없다는 의미에서가 아니라, 틀에 맞춰 살지 않기 때문에 자유로운 존재인 것이다.

사자는 굳세고 강하지만 부러지기도 쉬운 데에 반해, 아이는 연약해 보이지만 너무나도 유연해서 당최 부러지지가 않는다. 아이와 같은 삶의 태도로 살아가는 사람에게는 모든 순간이 새롭고 즐거우며, 설령 슬픔과 고통과 욕됨이 닥친다고 하더라도 그것조차 삶의 일부로 기꺼이 수용하고 긍정할 줄 안다. 왜냐하면 인생은 그저 하나의 거대한 놀이이기 때문이다.

한국 영화 〈신의 한 수〉(2014)에는 다음과 같은 대사가 나온다. "세상이 고수高手에게는 놀이터요, 하수下手에게는 생지옥 아닌가?" 극 중에서 '고수'와 '하수'는 그저 바둑 실력을 기준으로 삼은 것이었지만, 우리가 살아가는 모습에 일반적으로 적용해도 유효한 말이 아닐 수 없다. 고수에게 인생이란 그저 바둑 한 판 두는 것과 같은 놀이와 같을 것이기 때문이다. 물론 어떠한 분야에서든 탁월한 능력이 있는 사람은 세상살이에서 수월한 점이 많을 것이다. 하지만 고수라는 이름으로 불릴 만한 존재가 되기 위해서는, 무수히 많은 시행착오를 겪고 실패와 좌절을 이겨 내야만 한다. 그렇게 의지를 발휘하고 힘을 길러 단련된 자를 우리는 고수라고 부른다.

그런데 진정한 고수는 승리에 집착하는 사람이 아니라 오히려 승패에 초연한 사람이다. 스포츠 선수가 아무리 실력이 탁월하다 한들 출전하는 모든 경기에서 승리를 거머쥘 수는 없다. 운동을 직업으로 하는 모든 선수는, 누구나 잘하고 싶고 좋은 성적을 내기를 바라지, 못하고 싶고 나쁜 성적을 내기를 바라는 사람은 아무도 없다. 그런데 결과적으로 누군가는 상위권에, 누군가는 하위권에 위치하게 되는 것은 경쟁에서 피할 수 없다. 그렇다면 타고난 재능의 차이를 논외로 하고 문제를 대하는 삶의 태도에서 고수와 하수가 나뉘는 것은 아닐까?

매년 많은 선수가 엄청난 기대를 받으며 프로에 입문하지만, 몇 년의 세월이 흐른 후에야 관찰되는 중요한 사실이 있다. 그것은 바로 신인 드래프트에서 지명받은 순위가 프로에서의 성공까지 보장하지는 않는다는 점이다. 하위 라운더보다 상위 라운더가 분명 더 많은 기회를 받기는 했을 것이다. 구단의 입장에서는 재능을 더 높이 평가하여 많은 투자를 했으니, 그에 상응하는 결과를 기대하는 것은 당연하다. 그러나 여러 차례의 기회에도 불구하고 2군을 전전하다가 끝내 무명으로 프로의 옷을 벗는 특급유망주가 한둘이 아니다. 반면 리그 전체에서 최하위 라운더로 간신히 프로에 턱걸이한 선수가 어느덧 1군으로 승격되고, 1군에서도 어느새 백업이 아닌 주전의 자리를 꿰차더니, 급기야 리그를 대표하는 선수로 성장하는 모습도 심심치 않게 보게 된다.

그 이유는 무엇일까? 그저 '성실한 노력'을 강조하는 것만으로는 부족하다. 어쩌면 '절박한 마음'을 언급하는 것도 내가 보기에는 충분치 않다. 중요한 것은 실패·좌절·슬럼프에 대처하는 마음가짐이다. 니체의 관점을 적용해 보자면, 사자의 용맹에만 의지해서는 곤란한 것이다. 왜냐하면 먹잇감을 사냥하는 사자의 집요함은 오래가지 못하기 때문이다. 많은 사람이 성공의 비결이랍시고 절박함을 강조하지만, 오히려 무엇이 아니면 안 된다는 강박이 오히려 좌절을 더욱 심화시키고 상황을 더 꼬이게 만드는 경우도 많다. 늪에서 벗어나기 위해서는 '마음을 내려놓는 것'이 필요한 것 아닌가 싶기도 하다. 다시 말해 성공과 실패, 승리와 패배에 대한 관념 자체에서 해방되어 그저 최선을 다해 '지금 여기' 이 순간에 집중하고 몰입하되, 결과를 포함하여 앞으로 다가올 모든 일을 기꺼이 수용하고 긍정하면서 인생 전체를 하나의 놀이처럼 '즐기는' 삶의 자세가 고수가 되는 비결은 아닐까?

『논어』에서 공자도 "아는 것은 좋아하는 것만 못하며, 좋아하는 것은 즐기는 것만 못하다(知之者不如好之者, 好之者不如樂之者)"

라고 말했다. 나는 여기서 공자가 말한 '즐김(樂)'을 니체가 말하는 아이의 '놀이'에 견주어 보고자 한다. 하지만 기본적으로 도덕을 강조하는 유교의 프레임을 니체에 갖다 붙이는 것이 썩 적합한 것 같지는 않아서, 오히려 『장자』의 "소요유逍遙遊"에 빗대는 것이 더 적절하다는 생각이 든다. 이른바 문명·제도·질서의 기초가 되는 시·비, 선·악, 미·추, 귀·천이라는 가치의 이분법적 프레임에서 해방되어, 인생을 그저 한바탕 놀이, 즉 여기저기 돌아다니며 느긋하게 산책하는 일쯤으로 생각하는 "신인神人"이야말로 진정 크고 높고 위대한 존재가 아닌가?[17]

아니 차라리, 니체가 말하는 '아이'를 소설 『앙테크리스타 *Antéchrista*』[18]의 주인공에 빗대 보는 것은 어떨까? 이 소설은 천

---

17 장자가 제시하는 이상적 인간상인 신인(神人)을 '신과 같은 사람'으로 풀이하면, 곧 이어 논하게 될 니체의 '위버멘쉬'와 통하는 점이 있다.

18 아멜리 노통브(A. Nothomb), 『앙테크리스타』, 백선희 옮김, 문학세계사, 2022. '앙테크리스타'의 어원을 분석해 보면 상당히 의미심장하다. 접두사 'ante'는 공간·시간의 관점에서 "before(~앞, ~이전)"라는 뜻을 지닌다. 따라서 앙테크리스타는 그리스도교가 출현하기 이전(以前), 또는 도덕 규범의 틀에 맞추어지지 않은 '원초적 존재로서의 인간'을 지칭하는 것으로 해석해 볼 수 있다. 물론 노통브의 소설 『앙테크리스타』와 니체의 『안티크리스트』 간의 연관성은 다분히 나의 짐작에 따른 것이

진난만하고 재기발랄한 소녀의 좌충우돌 성장기를 담고 있다. 주인공인 소녀는 기존의 가치 질서에 끊임없이 물음을 제기하는 장난꾸러기, 그러니까 '악동'으로 등장한다. 작가가 소설의 제목을 위와 같이 지은 까닭은 정확히 알 수 없지만, 나로서는 단순히 이것이 발음상의 유사성을 넘어서서 니체의 『안티크리스트』와의 관련성을 강하게 시사한다는 합리적 의심을 지울 수 없다. 기성의 모든 것에 문제를 제기하고 반발하며 호기심 가득하게 세상을 그저 놀이터로 여기며 천진난만하게 살아가는 아이는, 비록 겉으로는 한없이 연약해 보이지만 정말로 커다란 잠재력을 지닌 존재이자 엄청나게 강하고 자유로운 존재이기 때문이다.

8. 위버멘쉬 Übermensch

우리는 앞에서 힘을 향한 의지, 디오니소스적 긍정, 아모

지만, 이러한 관점에서 소설을 읽어 보는 것도 독자에게 흥미로운 경험이 될 것이라 기대한다.

르파티, 아이 등의 개념을 통해 니체가 지향하는 삶의 모습을 살펴보았다. 이러한 개념을 아울러 집약하는 한 단어가 바로 "위버멘쉬"다. 통상 한국어로는 '초인超人'으로 옮기는 독일어 Übermensch를 영어로 번역하면 '슈퍼맨Superman'이 되는데, 헐리우드 영화를 통해 특정한 이미지에 익숙한 우리로서는 상당히 왜곡된 이해로 빠질 수 있다. 단적으로 니체가 말하는 위버멘쉬는 선한 편에서 악을 물리치는 '초능력자'나 '슈퍼히어로'를 가리키는 것이 아니다. 오히려 앞에서 살펴본 것처럼, 권선징악이라는 도덕주의의 프레임을 덧씌우는 순간 니체의 본의와는 너무나도 멀어지게 된다. 그래서 오해의 여지가 다분한 번역어인 초인이나 슈퍼맨보다는, 다소 생경하게 들릴 수 있지만 원어 그대로 '위버멘쉬'로 지칭하겠다.

위버멘쉬는, 닿지 않아 그저 바라볼 수밖에 없는 '하늘'을 동경만 하지 않으며, 자신의 두 발로 딛고 서 있는 '대지'를 사랑한다. 그는 죽은 다음 '내세'나 '천국'에서 누리게 될 지극한 복락을 하찮게 여기고, 차라리 '현실'의 삶에서 겪는 '지옥'과도 같은 고통을 마치 '놀이'처럼 달갑게 여긴다. 하늘·내세·천국은 유토피아, 즉 일체의 고통으로부터 해방된 이상적 상태를 가리킨다. 그러나 실패와 좌절과 괴로움이나 슬픔을 겪지 않고, 행복만 누리기를 바라는 것만큼 허황된 것도 없다. 왜냐하면 인간 삶의 기본조건은 고통이기 때문이다. 삶의 요체는 고통의 원인이 힘의 부족에 있음을 겸허히 인정하고 실패와 좌절을 성장과 발전의 동력으로 삼는 데에 있다. 그래서 위버멘쉬는 그저 하늘을 올려다보며 동경만 하는 것이 아니라, 용기를 내어 발을 딛은 만큼 나의 영역이 확장되고 의지를 내어 땀을 흘린 만큼 나의 터전이 풍요로워지는 대지를 사랑한다. 그렇기에 삶이라는 땅을 일구는 과정으로서의 노동이 아무리 고통스럽더라도, 위버멘쉬에게는 기꺼이 놀이가 될 수 있다.

이렇게 말하면 위버멘쉬가 비현실적인 존재처럼 느껴지기도 한다. 초능력자나 슈퍼히어로가 아니라고 강조해도, 성장과 발전을 위해 고통을 기꺼이 즐긴다는 니체의 이상적 인간상이 과연 현실에 존재할 수 있는 것일까? 나는 일본의 야구선수 스즈키 이치로鈴木一朗를 떠올려 본다. 이치로가 미국에 진출한 지 얼마 되지 않았을 때 심각한 슬럼프에 빠진 적이 있다고 한다. 도저히 해법이 안 보여 오랜 부진에서 탈출하지 못하던 그는, 카레를 먹은 어느 날 드디어 학수고대하던 안타를 하나 쳐 냈다. 믿거나 말거나지만, 그날 이후 수년간 하루 한 끼 이상은 규칙적으로 카레만 먹었다는 이야기가 전한다. 모처럼 되찾은 흐름을 잃지 않고 꾸준히 좋은 타격 감각을 이어가기 위해서 카레로 식사하는 것을 아예 루틴으로 정착시켜 버린 것이다. 이런 그의 행동을 미신이나 징크스를 신봉하는 것쯤으로 폄훼해도 좋을까?

평범한 사람은 계속 카레만 먹으라고 하면 입맛이 없다면서 며칠 못 가 포기해 버릴지 모른다. 더욱이 초고액 연봉을 받는 선수는 원하기만 하면 온갖 산해진미를 마음껏 먹을 수 있다. 세계적으로 이름도 날렸으니 이미 남부러울 만한 성공도 충분히 이루었다. 노화에 따른 기량 저하를 핑계로 유니폼을 벗고 편하게 살겠다는 은퇴 결정을 내리더라도, 아무도 그를 비난할 수 없었을 것이다. 그런 선수가 수년간 카레만을 고집할 정도로 집요하게 식단을 지켰던 것은, 이미 수천 개의 안타를 기록한 커리어의 정점에서도 매 타석 안타 하나가 절실할 정도로 공 하나하나에 진심이었기 때문이다. 지루한 것을 넘어 고역이라 불러도 모자랄 만큼의 철저한 식단관리와 지독한 훈련의 반복을 통해서, 슬럼프에서 벗어난 이후 그는 매년 200개에 가까운 안타를, 그것도 무려 십 년 이상 더 쳐냈다. 위대한 기록은 하루아침에 만들어지지 않았던 것이다.

우후죽순처럼 생겨나는 "동네 헬스장이 망하지 않는 이유는, 등록한 기간을 다 채워 운동하는 회원이 아무도 없기 때문"이라는 농담이 있다. 다이어트를 위해 모처럼 운동한 보람도 없이 밤참으로 치킨을 배달시켜 먹으면서도, 운동을 꾸준히 하려면 든든하게 잘 먹어 두어야 한다고 자신에게 면죄부를 주는 것처럼 기만적인 행위도 없다. 그러면서도 어제는 왠지 컨디션이 좋지 않아 할 수 없었고, 오늘은 친구와 약속이 있어서 거를 수밖에 없으며, 내일은 중요한 일을 처리해야 해서 도저히 시간이 나지 않는다며 미리 선을 긋는다. 이건 이래서 안 되고 저건 저래서 안 되며, 이건 누구 때문에 안 되고 저건 무엇 때문에 안 된다면서, 온갖 구실로 탓을 하거나 핑계를 대기에 급급한 것이 대다수의 그저 그런 인간이 살아가는 방식이다.

반면에 이치로는 인생을 걸고 야구를 사랑했으며, 그래서 번뇌와 고통과 좌절의 원인도 오로지 야구밖에 없었지만, 그럼에도 그 모든 괴로움을 견뎌 내고 고통을 승화하는 초절정 고수의 경지에 이르렀다. 즉 니체가 말하는 위버멘쉬의 경지에 도달했거나 거의 근접한 존재에 견주어 볼 수 있는 것이다. 설령 그렇지 못해도, 자신과의 사소한 약속도 지키지 않고 작심삼일을 정당화하거나 삶에서 무언가 이루려는 의지조차 없이 그저 권태와 무료를 달래며 살아가는, 범인의 수준은 훨씬 넘어선 탁월한 존재임이 확실하다.

9. 신은 죽었다

이제 그 유명한 니체의 "신은 죽었다Gott ist tot"가 등장할 차례다. 위버멘쉬에게는 전통적 의미에서의 신이 필요하지 않다. 전통적 의미에서의 신이란 유대교·그리스도교가 상정하는 절대자로서, 어디에나 있으며, 모든 것을 알고, 전적으로 선하고, 무엇이든 할 수 있는 존재다. 앞에서 살펴본 것처럼, 하느님의 권능은 최후의 심판을 통해 인간 영혼의 생사여탈을 좌지우지하는 데에서 성립한다. 천국에서 영원한 행복을 누릴 사람과, 영원한 지옥에서 벌을 받을 죄인을 가리는 것이다.

그러나 위버멘쉬에게는 신이 필요하지 않다. 왜냐하면 그에게는 죽어서 천국에 가는 것이 중요하지 않기 때문이다. 그에게는 현재를 살아가는 이 세상이야말로 존재하는 전부인 것이다. 그런 점에서 위버멘쉬는 철저하리만치 현실적인 삶의 태도를 지니고 있다. 위버멘쉬가 믿는 것은 고통을 단번에 뛰어넘어 영원한 즐거움만을 누리는 비현실적 공상이 아니라, 현실 속에서 자신이 발을 내디딘 만큼만 앞으로 나아가고, 분투한 만큼만 조금 더 나아진다는 단순하고도 엄연한 사실이다. 그는 인생의 기본조건이 고통임을 겸허히 받아들이고, 괴로움 속에서 즐거움을 찾으며, 힘을 내고 의지를 발휘한 만큼 자신이 조금씩 더 성장할 것임을 믿는다. 즉 위버멘쉬에게 중요한 문제는 죽은 다음 어떻게 될까가 아니라, 지금 여기에서 자신의 삶을 어떻게 만들어 나갈 것인가다. 힘을 향한 의지를 발휘하여 얼마나 더 높은 곳에 이르고 얼마나 더 큰 존재가 될 것인가, 그러니까 얼마나 더 탁월한 존재가 되려고 하는지가 살아 있음의 본질인 것이다.

그래서 니체는 신랄한 어조로 그리스도교의 신이란, 자신의 삶과 운명을 긍정할 수 없는 의지가 박약한 자들이 고안해 낸 허구적 망상일 뿐이라고 비판한다. 굳이 '신'이라고 불릴 수 있는 것이 있다면 그것은 바로 인간 자기 자신이어야 할 것이다. 그런데 신이라는 전통적 개념을 끌어들이는 것조차 달갑지 않았는지 니체는 "인간이 곧 신이다"라고 말하지 않고 초인, 즉 위버멘쉬라는 개념을 사용한다. 인간이 위버멘쉬가 되기 위해서는, 고통스러운 삶의 과정조차 창조적 놀이로 간주할 수 있을 만큼 무한한 긍정의 태도 속에서, 자신의 운명을 사랑하는 존재로 거듭나야 한다고 촉구한다. 이것이 최후의 19세기인이자 20세기를 선도하는 신인류이기를 자처했던 니체의 가르침이다.

그런 점에서 "신은 죽었다God is dead"라는 말은 신이 실제로 존재하는지 여부에 대한 진술이 아니다. 그것보다는 "설령 신이 존재한다고 한들, 그것이 내가 살아가는 데에 도대체 무슨 의미가 있느냐?"라는 뉘앙스의 반문이다. 그런 취지를 살려 "하늘은 스스로 돕는 자를 돕는다Heaven helps those who help themselves"는 격언을 떠올려 보는 것도 의미가 있을 것 같다. 이 문장의 주어인 '하늘'은 신 또는 신에 비견될 수 있는 절대적 존재를 상정하는 것처럼 읽힌다. 그러나 뜻을 새겨보면 절묘한 반전이 있다. 이 문장에서 정작 도움을 준 것은 누구인가? 하늘이 아니라 바로 스스로를 도운 사람, 즉 자기 자신이다. 그런 점에서 문제를 해결하고 삶을 개선하는 몫은 바로 인간 자신에게 주어져 있고, 이것은 온전히 스스로 감당해야 하는 책임인 셈이다.

삶이란 본디 그런 것이고, 그것이 전부다. 도대체 "누구를 원망하고 누구를 탓한단 말인가(誰怨誰咎)?" 하지만 이 말을 "너 자신을 탓하라"라는 뜻으로 오해해서는 안 된다. 앞서 외부에 대한 원망의 방향을 내부로 돌리는 것이 죄의식이라는 점을 상기하자. 남을 탓해서는 안 되지만, 그렇다고 나를 탓할 필요도 없다. 뜻하는 대로 일이 되지 않고 목표한 만큼 성과를 이루지 못했다면, 그것은 내 역량이 미치지 못해서, 그리고 최선을 다했지만 운이 따르지 않아서였을 뿐이다. 단지 그뿐이다. 힘이 모자란 것은 죄가 아니다. 그저 다음에 더 잘하면 되는 문제다. 능력이 부족하다는 사실에 대한 인정은 차후 더 분발하기 위한 계기로 삼기 위한 것이지, 의지의 싹을 짓밟거나 뿌리를 뽑아 버리기 위한 것이 아니다.

그런 점에서 우리는 주위에서 무수히 많은 위버멘쉬를 본다. 앞서 스포츠 스타를 예로 들었지만, 기업가처럼 불굴의 의지와 도전 정신을 요구받는 존재도 없을 것이다. 대한민국의 산업화를 선도했던 현대그룹 창업주 고故 정주영 회장이 남긴 어록 중 가장 유명한 것을 꼽으라면 아마 "이봐, 해 봤어?"와 "길을 찾아라, 없으면 만들어라"가 아닐까 싶다. 불굴의 도전 정신과 우직한 뚝심으로 일궈 낸 성과는 기업가 정신의 표상으로 오늘날에도 높이 평가되고 있다. 하지만 산업화 시대에 거대 기업집단을 일군 여러 창업주의 삶은 일반적으로 잘 알려져 있으니, 나는 무일푼에서 시작한 스타트업을 대기업으로 키워 가고 있는 현재진행형의 사례를 하나 말해 보고자 한다.

독자 중에는 숙박 예약 앱으로 유명한 '야놀자'를 아는 사람이 많을 것이다. 통상 스타트업을 창업했다고 하면 남부러울 것 없는 가정 환경에서 태어나 넉넉한 지원 속에서 회사를 만들었다고 생각하기 쉽다. 하지만 그는 어려운 형편에서 나고 자라, 그다지 좋은 교육도 받지 못한 것으로 알려져 있다. 그래서 모텔 알바로 사회생활을 시작할 수밖에 없었다고 한다. 직업에 귀천이 없다고 하지만, 그것은 사회적으로 분업화된 노동이라는 관점에서 당사자가 자신의 일에 긍지를 느낄 때나 할 수 있는 말이지, 투숙객이 어지럽히고 나간 방을 정리하고 더러워진 침대 시트나 젖은 수건을 수거하여 세탁하는 일이 모든 이가 선망하는 좋은 직업이라고 보기는 어렵다. 그렇게 사회생활을 시작했지만, 그는 누구보다 성실히 일했다고 한다.

그러나 단순히 주어지는 일, 남이 시키는 일을 잘하는 것만으로는 성공할 수 없다. 누구보다도 가난에서 벗어나고 싶었던 그는, 더 이상 발전 가능성을 찾기 힘든 단조로운 반복 노동 속에서도 새로운 기회를 발견했다. 호텔은 예약시스템이 잘 갖추어져 있는데, 호텔보다 훨씬 수가 많은 모텔은 시스템이 영세하고 낙후되어 이용에 불편함이 있다는 점을 문제로 진단하고, 모텔 네트워크를 만들어 숙박 예약을 편리하게 중개할 수 있는 어플리케이션을 만들어 보기로 한 것이다. 악전고투 끝에 사업이 어느 정도 궤도에 오르자, 모텔을 넘어 호텔로까지 사업 영역을 확장하더니, 어느덧 레저·스포츠를 넘어 항공편 등 취미·여가 활동 전반에 걸쳐 예약 서비스를 제공하는 '유니콘 기업'으로 성장하였다. 어두컴컴한 모텔 한구

석에 앉아 시작한 일을 불과 10여 년 만에 한국 재계 30위권 안에 드는 대기업으로 일궈 낸 것이다.

나는 해당 인물의 성공 신화를 위버멘쉬의 한 사례로 언급하였다. 생각해 보자. 10여 년 전에 모텔 알바에 종사하던 사람은 한둘이 아니다. 그런데 누구는 그사이에 굴지의 기업을 이룬 창업주가 되었고, 누구는 아직도 청소하고 세탁하는 일을 그대로 하고 있을 것이다. 비슷한 처지와 동일한 조건에서 일했던 사람의 운명이 이처럼 달라진 것은 무엇 때문인가? 물론 운도 작용했을 것이다. 모든 사람이 성공을 바라면서 사업에 뛰어들지만 성패가 갈리는 것을 보면, 돈을 버는 데에 운이 크게 작용하는 것은 분명한 사실이다. 그런 점에서 "운도 실력"이라는 말은, 듣기에는 매우 거북하지만 부정할 수 없는 진실을 함축하고 있다. 그래서 무심한 자연의 운행 속에서 부침을 겪는 인간의 삶을 '운명'이라고 부르는 것인지도 모른다. 운명이란 이성으로 차마 다 이해할 수 없는, 세상을 움직이는 총체적인 힘의 역학이다.

그러나 사업 성공의 원인을 오로지 운에 귀속시키는 것도 명백한 잘못이기는 마찬가지다. 무슨 일이든 경험·지식·노력이 모두 필요하고 무엇보다 급변하는 시장 환경에서 기회를 포착하는 직관과 감각도 요구된다. 그런데 이러한 다양한 역량을 갖추고 있어도 반드시 성공하겠다는 강한 의지나 장애와 한계를 극복하겠다는 도전 정신이 없으면 무용지물이다. 인생 자체가 꽃길이 아닌데, 사업이라고 꽃길일 리는 없다. 자금 융통, 인재 확보 및 관리, 법적·제도적 규제, 업체 간 경쟁 등 온갖 발목 잡는 일이 가로막고 있다. 이미 글로벌 기업으로 성장한 회사도 마찬가지일 테지만, 비전과 의지만으로 맨땅에서 시작한 신생기업 앞에 놓인 난관은, 모르긴 몰라도 도처가 지뢰밭일 것이다.

그러니 기업을 성공시킨다는 것은 돈 좀 있다고 아무나 할 수 있는 일이 아니며, 경험·지식·의지를 아울러서 비상하고 탁월한 역량을 갖추어야만 가능한 일인 것이다. 자신의 불우한 처지에 대한 연민에 사로잡혀 체념을 내면화하거나, 열악한 환경과 조건을 핑계로 권태와 무기력에 안주하거나, 또는 바라는 것을 성취하지 못했다고 원망하며 책임을 다른 것에 돌리거나 하지 않고, 이렇게 스스로 운명을 개척하는 사람에게 신이 필요한가? 니체는 말한다. "위버멘쉬는 신을 필요로

하지 않는다"고. "신은 죽었다"고. "신이 있다고 한들, 그게 도대체 나와 무슨 상관이냐"고.[19]

10. 거리의 파토스

나는 앞서 2장 8절에서 평등주의의 문제점을 지적하였는데, 니체는 평등주의를 극도로 혐오한다. 왜냐하면 평등이라는 가치는 남들과 다르지 않다는 사실에 안주하고 싶은 나약한 인간이, 자신의 역량 부족을 들키고 싶지 않아서 걸치는 위장막에 불과하다고 보기 때문이다. 그런데 나는 개념적으로 '평등'과 '평균'을 구분할 필요가 있다고 생각한다. 왜냐하면 '평등주의'에 대한 비판이 자칫 보편적 인권에 기초한 평등의 가치 자체를 부정하는 것처럼 오해될 수 있기 때문이다. 물론

---

19 니체를 해설하는 입장에서 "신은 죽었다"는 말을 이렇게 풀어 봤지만, 사실 살아가다 보면 다음과 같은 마음이 드는 것도 사실이다. "신이시여, 이렇게 열심히 사는데 조금만 도와주십시오." 본인의 의지와 노력에 더해 신의 손길마저 더해지면 얼마나 금상첨화겠는가? "인간의 일을 다하고, 하늘의 명을 기다리라"는 뜻의 '진인사대천명(盡人事待天命)'도 이런 맥락에서 이해될 수 있다.

평등을 부정하는 것이 아니라 평등을 지상 최고의 가치로 삼는 평등주의를 비판하는 것이라고 방어할 수 있겠지만, 이렇게 하면 내가 니체를 해설하는 데에 정치적 부담까지 적잖이 떠안게 된다. 따라서 나는 니체가 비판하는 평등주의를, 보편적 인권으로서의 평등 자체보다는, 고만고만한 군중에 속한 '평균적' 인간이라는 점에 안주하고 마는 '익명적' 존재를 비판한 것으로 이해하기를 제안한다.

살다 보면 "사는 게 다 거기서 거기지, 인생 뭐 있어?"라든가 "남들도 다 그렇게 살아"와 같은 말을 듣게 되는 경우가 더러 있다. 이런 말을 하는 사람에게는 더도 말고 덜도 말고, 그저 남들처럼만 사는 것이 삶의 목표이자 인생의 의미가 되어버렸다. 물론 남들보다 못한 처지에서 남들만큼 살기 위해 애쓰는 것도 그 나름대로는 의지를 발휘하는 것으로 볼 수 있다. 그러나 자신이 지닌 가능성과 잠재성을 최대한 펼쳐 보인다는 의미에서 진정으로 사는 것이 아니라, 단지 목숨을 부지하며 연명하는 것, 그것도 남들과 엇비슷한 방식으로 적당히 만족하고 안주한다는 뜻에서 그저 숨만 쉬며 사는 것이 목표라면, 한 번뿐인 인생이 참으로 비루하고 서글프게 느껴진다.

니체는 다음과 같이 문제를 제기한다. "당신은 왜 남들보다 나아지려고, 좀 더 탁월한 존재가 되려고 하지 않는가?" 이러한 맥락에서 등장하는 니체 철학의 개념이 바로 "거리의 파토스Pathos der Distanz"다. '파토스'는 논리나 이성을 뜻하는 로고스logos와 대비되는 개념으로 신체적 '느낌', '감정'을 포함한 '정서' 일반을 지칭하며, 맥락에 따라서는 '정념passion'이라고 번역하기도 한다. 엄밀하게는 이러한 차원을 구분해서 다루는 것이 정확할 테지만, 나는 좁은 의미의 감정·정서에 국한하기보다는, 오히려 욕구·욕망·의지를 포함하는 넓은 의미로 접근하는 것이 독자의 이해를 돕는 데에 적절하리라 생각한다. 즉 '거리의 파토스'는 남들과 비슷하게 살아가는 것을 거부하는 마음, 남들보다 나은 삶을 살려는 태도, 그렇게 함으로써 남들보다 높은 존재, 탁월한 존재가 되기를 추구하는 '열정'을 지칭한다.

다시 한번 강조하거니와, 이렇게 평균과 평등을 거부하는 삶의 태도가 반드시 우월한 사람이 되어 열등한 이들 위에 군림하거나, 정치권력이나 경제적 부 또는 사회적 지위를 내세워 자신보다 못한 약자를 지배하고 착취하는 것으로 귀결되어야 할 이유는 없다. 왜냐하면 강자와 약자를 가르는 본질은 현실을 대하는 태도와 삶을 살아가는 자세가 어떠하냐에 있는 것이지, 무엇을 얼마나 누리고 있느냐에 달린 것이 아니기 때문이다.

가령 금수저를 물고 태어난 사람이라도 유흥과 마약에 빠져 쾌락을 탐닉하는 데에서만 즐거움을 느낀다면, 얼마의 재산을 가졌든 그는 한낱 인생의 낙오자일 뿐이다. 자신의 노력으로 일군 것도 아니고 그저 조상 잘 만나 부모에게 물려받은 권력과 부를 과시하는 것으로밖에는 자존심을 충족할 길이 없는 딱한 존재, 그러니까 자존감도 긍지도 없이 허세에서 대리만족을 구하며 향락에서 정신승리하는 것으로 안주하는 데카당스에 불과한 셈이다. 왜냐하면 남들보다 우월하다는 것을 보여 주고 싶어 하지만, 실상 내면에는 유일하게 내세울 수 있는 돈을 써서나마 환심을 사서 남들과 어울리기를 바라는, 익명성과 평균성을 지향하는 강력한 동기가 은폐되어 있기 때문이다.

그런데 니체는 익명성에 안주하며 평균성을 추구하는 이러한 동기가 정치 이념으로서의 '민주주의democracy'에도 내재해 있다고 본다. 위에서 나는 평등과 평균을 구분하였지만, 실상 양자는 그렇게 깔끔하게 구분되지 않을 수도 있다. 왜냐하면 본디 민주주의라는 개념이 "군중demos에 의한 지배kratos"를 뜻하기도 하거니와, 역사적으로 민주주의는 소수에 의한 통치 또는 귀족에 의한 지배에 반기를 들고 전개된 정치사상이기 때문이다. 앞서 노예의 도덕과 귀족의 도덕을 대비했던 니체의 논의를 상기하자. 모든 인간을 동등하게 취급하고 익명적 다수의 투표를 통한 평균적 여론에 의해 좌지우지되는 정치제도인 민주주의에서, 니체는 골수까지 병들어 있는 데카당스의 한계를 본다.[20]

다시 말해 세상에는 더 탁월한 사람과 덜 탁월한 사람, 즉 소수의 우월한 인간과 다수의 열등한 인간이 존재하는 법인데, 민주주의는 엄연히 존재하는 이러한 차이를 평등이라는 이름으로 짓밟아 뭉개는 것에 불과하다는 것이다. 즉 니체는 민주주의에 내재된 동기가 자신보다 탁월한 존재를 용납하지

---

20 니체는 플라톤을 비판하지만, 민주주의를 극도로 혐오한다는 데에서 두 철학자가 의문의 의기투합을 하고 있다는 점도 기묘한 흥미로움을 자아낸다.

못하는 심리, 나아가 자신보다 높은 곳에 있거나 우위에 있는 존재를 어떻게든 끌어내려서라도 나와 비슷하거나 더 못한 수준으로 떨어뜨려야만 쾌감을 느끼는 병든 마음이라고 본다. 그러니까 보편적 인권과 평등의 가치를 앞세우는 민주주의의 뿌리가 바로 '원한 감정'과 '복수심'이라는 것이다. 19세기 유럽에서 점차 영향력을 확장해 가고 있던 사회주의·공산주의에 대한 니체의 반감은 위와 같은 맥락에서 당연한 귀결이다. 왜냐하면 이러한 이념은 자유와 성장의 가치보다 평등과 분배의 가치를 더 우선적으로 고려하는 정치사상이기 때문이다.

우악스러울 만큼 거칠게 들리지만, 니체의 통찰에는 섬뜩할 만큼 예리하고 정확한 데가 있다. 체제의 부조리와 구조적 모순을 비판하면서 개혁과 혁명을 요구하는 이들이 '전가의 보도'로 내세우는 무기가 바로 '정의'다. 선하지만 약한, 아니 정확히 말하면 "약하기 때문에 선한"—앞서 2장 7절에서도 지적했지만, 여기서 '-때문에'는 니체가 보기에 납득하기 어려운 인과관계다—사람들의 처우를 바로잡아 모두가 평등해지는 것이야말로 이른바 '정의'를 바로 세우는 것이라는 주장이 모든 혁명의 근본 논리이다. 물론 정의의 실현은 필요하며 사회적 불평등은 가능한 한 개선되는 것이 바람직하다는 것을 아무도 부정하지 않는다. 그럼에도 여기에는 각별히 주의해야 할 함정이 도사리고 있다.

첫째, 우리는 20세기 공산주의 혁명이라는 역사적 실험을 통해 평등주의의 결과를 목도하였다. 인간은 모두 평등하며, 자신의 "능력에 따라 일하고 필요에 따라 분배한다"는 공산주의적 이상은 참으로 아름답다. 그러나 이러한 사회는 현실적으로 '존재하지 않는 곳', 문자 그대로 '유토피아'에 불과한 것으로 드러났다. 공산주의 사회는 능력에 따라 자발적으로 일하고 필요에 따라 균등하게 분배하는 곳이 아니라, 더 일한다고 해서 딱히 나에게 더 돌아오는 것도 없으니 굳이 남들보다 열심히 일해야 할 필요가 없는 곳으로 전락했다. 결과적으로 그것이 애초에 의도했던 '이상적 균분均分'의 상태에 도달하기는 했다. 비록 모두가 더불어 잘사는 방식으로가 아니라, 모두가 다 함께 못사는 '보편적 빈곤'의 나락으로 떨어지는 방식이었기는 하지만 말이다.

굳이 남들보다 열심히 일할 필요가 없다는 것은 인간이 스스로 성장과 발전을 포기한다는 뜻으로, 니체가 진단하는 전형적인 '데카당스'의 징후다. 남들보다 더 앞서가려는 욕망, 다른 사람보다 더 나아지려는 의지는, 평등주의라는 고귀한 혁명의 이념 앞에서 자본주의에 물든 죄악으로 낙인찍힌다. 그래서 모두가 찢어지게 가난한 '하향평준화'의 상태에서 대리만족한다. 누구도 다른 사람보다 낮지 않고 나을 수도 없으며 나아서도 안 된다는 고결한 평균의 이념 아래, 우리는 모두 선하고 올바른 뜻을 같이하는 '동무'라고 애써 자기 위로를 하면서 말이다. 그리고 이 범위에서 벗어나 있는 더 배운 자, 더 가진 자, 더 누린 자, 더 높은 곳에 있는 자는 어떻게든 끌어내려 '정의의 심판'으로 단죄하고 처벌해야 한다.[21]

---

21 이른바 '출생의 비밀'과 더불어, 한국에서 제작 방영되는 트렌디 드라마의 또 다른 단골 소재가 바로 '신분을 뛰어넘는 사랑'이다. 서로 사랑하는 남녀 주인공이 양가의 사회적·경제적 격차로 만나고 헤어지기를 반복하며 갈등을 빚다가, 극적인 계기로 결혼의 결실을 맺는 것이 전형적인 설정이다. 이렇게 뻔한 드라마가 대중의 꾸준한 호응을 얻는다는 사실도 놀랍지만, 극 중에서 소위 '잘사는 집' 사람들이 비도덕적이고 무례한 안하무인의 캐릭터로 그려지면서 결국은 몰락의 길을 걷는, '권선징악'의 한결같은 결말 또한 신기한 일이 아닐 수 없다. 이에 대한 나의 분석은 다음과 같다. 대중은 한편으로는 신분의 상승을 간절히 동경하면서도, 다른 한편으로는 자신보다 우위에 있는 자를 용납하지 못한다. 하다못해 관념적·도덕적

그러나 선·악의 이분법에 기초하여 정의의 심판을 기대하는 동기가 삶에 대한 불만족과 원한 감정이라는 뿌리에서 발원한 것임을 기억하자. 평등주의라는 이념은 실상 괴로운 삶을 자신의 힘으로 이겨 낼 수 없는 열등하고 나약한 자들의 한풀이를 위한 현실도피의 수단은 아니었던가? 니체가 그리스도교를 사랑의 종교가 아니라 원한의 종교라고 규정하는 것과 같은 맥락에서, 억압받는 농민·노동자·빈민인 프롤레타리아가 단결하여 부조리한 체제를 전복해야 한다는 공산주의의 요구는, 실상 부르주아 계급에 대한 극도의 원한과 증오 위에서만 가능했던 것은 아니었을까?

둘째, 비록 모두가 빈곤과 비참의 나락으로 떨어지기는 했지만, 공산주의 혁명이 모두가 가난해지는 방식으로라도 평등을 이뤄 냈다면 그것 역시 성과라면 성과일 것이다. 하지만 실질적으로는 전혀 평등을 이룬 것이 아니라는 점에서 공산

으로라도 우위에 서서 상대에게 도덕적 심판을 내려야만 직성이 풀린다. 나보다 나은 자를 어떻게든 끌어내리려는 심리인 "크랩 멘탈리티(crab mentality)"는, 어쩌면 위버멘쉬로 거듭나지 않는 한 좀처럼 치유하기 어려운, 인간 본성에 내재되어 있는 고질병인지도 모르겠다.

주의의 근본적인 한계가 있다. 왜냐하면 공산주의 국가에서도 마찬가지로 어떻게든 다른 사람보다 더 높은 곳에 올라가려는, 그래서 남들 위에 군림하려는 의지를 가진 자들이 존재하기 때문이다. 이른바 소비에트의 '공산 귀족'이라고 불리는 직업적 혁명가 엘리트 계급인 '노멘클라투라'다.

오늘날 중국에서 '태자당太子黨'이니 '홍이대紅二代'니 하며 이른바 혁명원로 자제들이 정치·경제 권력을 세습하는 것은 잘 알려진 사실이다. 북한에서 '백두산 혈통'과 '빨치산 혈통'으로 불리는 자들은 말할 것도 없다. 나는 이들을 생각할 때마다 니체가 『안티크리스트』에서 흡혈귀·기생충이라고 부른 성직자·사제가 연상된다. 입으로는 말끝마다 사람들에게 평등주의를 찬양하며 인민을 가르치려 드는데도, 정작 자신은 평등의 가치에 맞춰 인민과 더불어 살고 싶은 생각이 추호도 없어 보이기 때문이다.

그런 점에서 모두가 '평등해야' 한다는 공산주의의 요구는 모두가 '평등하게' 죄인이라는 그리스도교의 요구와 닮았다. 인간이 죄에서 해방되어 천국으로 가기 위해서는 길 잃은 '어린 양'을 바른 길로 인도하는 '목자'가 필요한 것처럼, '인민'이

가난과 차별에서 해방되어 완전한 평등사회로 나아가기 위해서는 공산주의의 이상을 교육하고 옳은 길을 선도하는 정치 '엘리트'가 필요하다. 그러므로 혁명가는 인민과 같은 반열에 놓여서는 안 되며, 더 높은 지위에서 더 많은 권력을 차지하는 것은 물론 심지어 특권을 세습하는 것마저도 용인되어야 한다. 이들은 말끝마다 노동해방을 부르짖지만, 노동은 철저하게 인민의 몫으로 전가하고 정작 자신들은 전혀 노동하지 않는다. 그래서 이들은 인민을 위한답시고 노동해방을 한없이 유예하면서도, 자신들을 위해서는 실질적인 노동해방을 쟁취해 냈다. 노동이 정당한 가치를 인정받는다는 의미에서가 아니라, 실제로 수고로운 노동으로부터 완전히 벗어났다는 의미에서 말이다.

공산 귀족이 선전하는 이상과 그들이 살아가는 실제 모습의 괴리가 모순적일 만큼 크다는 소위 '내로남불'의 비판은 진부하다. 오히려 내가 주목하는 것은, 이들이 자신의 권력을 유지하기 위해 사람들을 장악하고 조종하는 심리적 기제다. 나는 앞에서 성직자와 사제가 죄의식을 통해 사람들을 길들인다는 점을 언급하였다. 이와 마찬가지로, 혁명 엘리트가 대중을 지배하는 방식은 평등을 위배하는 행위를 가혹하게 심판하여 죄의식을 내면화하게 하고, 그러한 불만의 원인을 외부로 돌려 분노를 부채질하는 것이다. "너는 지금 사회적·경제적 모순하에서 최악의 상황에 놓여 있다. 너의 비참함과 고통은 부조리한 구조와 차별 때문이다. 그리고 이러한 불평등을 해소하기 위해서는 너를 억압하고 위에서 착취하는 특권층인 지주·자본가·지식인 등 부르주아 반동분자를 남김없이 몰아내야 한다."

1960년대 중국에서 공산주의 이념이 실현된 대동사회^{大同社}^會를 이룬답시고 추진했던 대약진운동^{大躍進運動}의 실패로 마오쩌둥^{毛澤東}은 정치적 위기에 몰렸다. "내가 더 가져가는 것도 없는데, 굳이 뭐 하러 일을 더 하나?"라는 안주와 무기력은 더 나아지려는 욕구, 더 잘살고 싶은 바람, 더 성장하려는 인간의 본성을 전혀 이해하지 못했거나, 알면서도 애써 모르는 척 부정했거나, 극복해야만 할 죄악으로 여겼던, 공산주의의 치명적 결함에서 비롯되었다. 집단생산·공동노동에 의한 생산력 저하는 기어이 수백만이 '아사'하는 참극을 낳았다. 전쟁으로 죽은 것이 아니다. 초근목피로 입에 풀칠조차 할 수 없어서,

말 그대로 '굶어 죽은' 것이다.

상황이 이 지경쯤 되면, 정책적 실패를 인정하고 인민의 생활을 안정시키면서 생산력을 증대할 대안을 모색하는 것이 현실적이다. 그러나 마오쩌둥은 이러한 비극이 모두 평등사상에 동조하지 않는 반동분자 때문이라며, 분노에 가득 찬 홍위병紅衛兵을 조직·선동하여 무참한 정치적 살육을 자행했다. 일례로 당대 중국 최고의 지식인이었던 어느 교수는 공개 재판에서 인민들로부터 손가락질과 침 뱉기의 모욕을 겪었다. "일하지 않는 자는 먹지도 말라"는 공산당의 훈시에 따라 아무 연고도 없는 두메산골로 하방하여 평생 돼지 똥이나 치우게 만들어야 직성이 풀릴 정도로, 군중의 거대한 원망과 증오를 부추긴 것이다. 이 모든 참사가 여전히 중국 인민들이 혁명의 아버지라 추앙해 마지않는 마오쩌둥이 자신의 알량한 권력을 유지하기 위해 벌였던 어처구니없는 짓이다.[22]

---

22 북한이 1990년대에 겪었던 이른바 '고난의 행군'은 이보다 더하면 더했지 결코 덜하지는 않았으리라 확신한다. 그나마 중국에서는 십여 년의 정치적 광풍으로 반세기 전에 지나간 일이 무려 수십 년째 아직도 지속되고 있는 소위 '지상낙원'이 바로 조선민주주의인민공화국이다.

성직자가, 천국의 이상을 제시하면서 신도들의 고혈을 빨아 그들을 더욱 무력한 상태로 만들어 종속적 지배를 강화하는 흡혈귀인 것처럼, 타인의 노동을 착취하는 것에 의지하지 않고서는 단 하루도 연명할 수 없는 기생충에 불과한 직업적 혁명 엘리트는, 인민의 삶이 점점 더 비참한 처지로 내몰릴수록 죄의식과 원한과 증오를 불쏘시개 삼아 자신의 정치권력을 강화하는 기반으로 삼는다. 평등주의는 인민의 삶을 개선하지 못한다. 역사적 사실로도 그러할 뿐만 아니라, 이론적으로 보더라도 더 나은 삶을 지향하도록 하는 것이 불가능하다. 왜냐하면 당면한 현실을 부정하고 엉뚱한 것에 문제의 원인을 돌려 한풀이를 하는 것으로 정신승리를 하기 때문이다. 원한과 분노라는 토양에서 자라난 정의는 실제의 삶을 개선하는 데에 아무런 도움이 되지 않는 것이다. 정치철학의 관점에서 민주주의·사회주의·공산주의를 신랄하게 비판하는 니체 사상에 대한 평가는 더욱 엄밀한 논구가 필요한 문제지만, 이 책에서는 니체가 『안티크리스트』에서 왜 평등주의를 극도로 혐오하는지 그 핵심을 짚는 것으로도 충분하리라 본다.

11. 영원회귀

이제 니체 철학에 등장하는 가장 난해한 개념인 "영원회귀永遠回歸, Ewige Wiederkunft"에 이르렀다. "동일한 것을 영원히 그리고 무한히 반복한다"는 뜻이지만, 애석하게도 니체는 이것이 무엇인지 친절하게 설명하지 않는다. 아니 어쩌면 그 자신조차 충분히 명쾌한 방식으로 정리하는 데에 실패했을 수도 있다. 독자의 기대에 부응하지 못해 미안하지만, 니체를 소개하겠다는 나조차도 사실 영원회귀를 정확하게 이해하기 어렵다. 다만 나의 직관이 허락하는 한도 안에서, 비유를 들어 해설하는 것이 최선이라는 생각이 든다.

〈엣지 오브 투모로우Edge of Tomorrow〉라는 영화가 있다. 이야기의 기본 줄거리는 다음과 같다. 주인공은 특정한 시간 특정한 장소에서 잠에서 깨어 며칠을 살다가 외계 생명체와의 전투에서 죽음을 맞이한다. 그런데 죽음 이후 다시 같은 시간 같은 장소에서 잠이 깨어 똑같은 방식으로 며칠을 살다가 동일한 방식으로 죽음을 맞는다. 이러한 일이 계속해서 끝없이 반복된다. 이처럼 특정한 시간 구간대에 갇혀 동일한 사건을 무한히 반복하는 것을 이른바 '타임루프time loop'라고 부른다. 영화 속 주인공은 끝끝내 타임루프를 극복해 낸다. 죽음과 함께 모든 것이 원점 초기화된다는 설정에서 어떻게 전생에 대한 기억이 보존되는지는 모르겠지만, 주인공은 과거 자신이 죽음을 맞이했던 경험을 토대로, 수없이 반복되는 죽음을 감내하면서 다음 스테이지로 한 단계씩 이행하여 마침내 외계 생명체를 물리친다.

이러한 설정은 다분히 컴퓨터 게임을 연상하게끔 한다. 컴퓨터 게임은 미리 코딩된 시뮬레이션대로 상황이 전개된다. 그리고 게임 속의 캐릭터는 특정한 상황이 요구하는 미션을 완수하지 못하면 결코 다음 단계로 넘어가지 못한다. 반복되는 죽음 속에서 어떻게든 주어진 상황을 극복함으로써만 다음 스테이지로 진행할 수 있는 것이다. 그런데 게임을 해 본 사람이면 누구라도 공감하겠지만, 일단 하나의 단계를 통과하는 방법을 터득하고 나면, 다음부터는 그보다 앞선 단계에서 최후를 맞는 일이 좀처럼 일어나지 않는다. 말하자면, 이러한 일은 플레이어의 게임 실력이 향상된 만큼 게임 속 캐릭터의 삶이 전개될 수 있는 지평 역시 확장되었기 때문에 가능하다. 역량이 커질수록 여유가 있고 더 높은 시야를 확보함으로써 운신의 폭을 넓히게 되는 것이다.

이러한 비유적 상황을 염두에 두면서 다시 니체로 돌아가자. 나는 니체가 말하는 '영원회귀'가 다음과 같은 것은 아닐까 조심스레 짐작해 본다. "너는 결과가 정해져 있는, 심지어 최악의 결과가 예정되어 있기까지 한 일에 대하여, 심지어 무한히 같은 것을 영원히 반복할 수밖에 없는 운명임을 알면서도, 지금 여기서 삶의 전부를 걸고 힘을 향한 의지를 발휘할 수 있는가?" 특정한 단계를 넘어서지 못하고 번번이 죽음을 맞이하는 게임 속 캐릭터처럼, "아무리 노력해도 안 된다는 절망감과 결과가 뻔히 정해져 있으니 애써 봐야 의미 없다는 무기력을 넘어서서, 한계를 돌파하여 미래라는 시간을 열기 위해, 매달린 절벽에서 손을 놓는 '현애살수懸崖撒手'의 용기를 낼 수 있는가?"

우리는 많은 후회를 하면서 살아간다. 과거에 했던 이러한 선택에 후회하고 과거에 하지 않았던 저러한 선택에 후회한다. 아쉬움과 미련에 사로잡혀 앞으로 나아가지 못하는 경우가 적지 않다. 무엇이 아쉽고 무엇에 미련이 남는가? 아마도 내가 진정으로 바라는 무언가에 내 삶 전체를 걸어 보지 못했다는 아쉬움이다. 성공이든 실패든 그 어떠한 결과가 따르더라도, 내가 내 삶의 진정한 주인이 되어 스스로 운명을 결단하지 못했다는 무력감에 대한 부끄러움이다. 이런저런 변명과 핑계를 일삼으면서 문제 상황을 직면하기를 외면하고, 진정 내가 바라는 것으로부터 도피하기에 급급했던 비겁함에 대한 자괴감이다. 그래서 니체는 묻고 있는 것이다. "같은 상황이 무한히 반복하여 주어진다 하더라도, 너는 결코 후회를 남기지 않는 결단을 할 수 있는가?"

무한히 같은 것이 반복되는 상황에서 미련을 남기지 않는 결단을 한다는 것은 무엇인가? 그것은 지금 여기서 이 순간에 내리는 결단이 더할 나위 없이 최선이어야 한다는 말이다. 설령 그 선택이 내 삶에 최악의 결과를 초래하더라도, 심지어 그 모든 것을 감수하면서도 과연 다시 같은 선택을 할 것인지 자문해 보라는 것이다. 그렇기에 여기서 말하는 '최선'은 공리주의가 말하는 '결과로서의 가장 좋음'을 뜻할 수가 없다. 오히려 최선이란 자신이 가진 삶의 역량을 온전히 다 쏟아붓는다는 의미에서 이해되어야만 한다. "선택이 바라는 결과로 이어지면 좋겠지만, 그렇지 않더라도 나는 실망하지 않겠다. 왜냐하면 실패와 좌절, 심지어 죽음 속에서 나는 그만큼 더 성장할 것을 믿으므로." 즉 지금 여기에서 행한 나의 선택이 내 삶은 물론 선택의 결과에 아무런 영향을 미치지 못한다고 하더라도, 동일한 상황이 주어졌을 때 주저 없이 같은 선택을 할 만큼 전부를 걸 수 있겠냐는 것이다.

일본어에 '잇쇼켄메이一生懸命'이라는 표현이 있다. 한국어로는 그저 '열심히' 정도로 옮기는 말인데, 사실 한자의 뜻을 새겨보면 살벌할 정도의 비장함이 묻어 난다. "이 한목숨 명운을 걸고"라는 뜻이기 때문이다. 이에 빗대 보면 니체의 영원회귀는 무시무시할 만큼 더욱더 잔인하다. 한 번의 생이 아니라, 무한히 반복되는 삶 전부를 걸고서도 최선의 결단을 내릴 수 있겠냐는 뜻이기 때문이다. 영화처럼 타임루프에 갇혀 살고 죽기를 반복하며 뻔히 정해진 결과에 아무런 삶의 의미도 가치도 느끼지 못하는 상황에서조차, 허무주의에 사로잡히지 않고 매 순간 자신이 성장할 것임을 믿고 긍정하면서, 그렇게 '내일을 위한' 담대하고 용기 있는 한 걸음을 기꺼이 내디딜 수 있겠냐는 것이다. 그래서 니체가 영원회귀를 일컬어 "인간이 도달할 수 있는 최고의 긍정 형식"이라고 말한 것인지도 모른다.

12. 예수의 복음

앞서도 기회가 있을 때마다 언급하긴 했지만, 나는 니체의 '안티☞'가 겨냥하는 것이 예수가 아니라, 그의 복음을 왜곡한 제자·사도·사제에 의해 확립된 제도 종교로서의 그리스도교라고 해석한다. 그러나 책 이름이 『안티크리스트』인 만큼 예수에 대한 니체의 입장을 확실하게 짚고 넘어가는 것이 필요할 듯하다. 니체는 예수를 인간 삶의 모범을 보여 준 위대한 인물로 간주하고 있다. 여기서 중요한 점은, 예수가 '신의 아들'이자 '구세주'가 아니라 엄연한 '사람의 아들'로서, 인류 역사에서 과거에도 존재했고 현재에도 있으며 미래에도 나타날수 있는 여러 위대한 인물 중의 한 사람이라는 데에 있다.

먼저 니체가 예수의 복음을 어떻게 해석하는지 살펴보자. "복음이란 바로 [천국이라는] 그 '나라'가 현존하고 이미 이루어져 있으며 실재한다는 것이었다."[23]

"기쁜 소식이란 무엇인가? 진정한 삶, 영원한 삶이 발견되었다는 소식이다. 그것이 [내세에] 약속되어 있는 것이 아니라, 바로 여기 너희들 안에 있다는 것이다. 사랑 속에, 뺄 것도 배제할 것도 없고 거리가 없는 사랑 속에서 사는 삶으로서 말이다. 모든 사람이 하느님의 아들이며 … 하느님의 아들로서 모든 사람은 동등하다."[24]

다시 말해 예수가 전한 복음의 핵심은 "신과 인간 사이에" 존재하는 "모든 거리가 제거되었다는 것"[25]이다. 신과 인간 사이에 존재하는 거리가 제거되었다는 말은 무슨 뜻인가? 인간이라는 존재의 본질이 신에 의한 최후의 심판을 기다려야만 하는 운명에 처한 죄인이 아니라는 뜻이다.

"예수는 '죄'라는 개념 자체를 폐기했었다. 그는 신

---

23 프리드리히 니체, 『안티크리스트』, 앞의 책, 97쪽. 이하 [ ] 안의 말은 자연스러운 의미 전달을 위해 내가 임의로 첨언하였다.
24 같은 책, 72쪽.
25 같은 책, 81쪽.

과 인간 사이에 존재하는 어떠한 간극도 부정했으며, 신과 인간의 이러한 통일을 자신의 '기쁜 소식'으로 삼고 살았다. ⋯ 그리고 그는 그러한 통일을 자신의 특권으로 [조차] 생각하지 않았다."[26]

그렇기 때문에 예수의 "복음과 함께 폐기된 것은 '죄', '죄에 대한 용서', '신앙', '신앙에 의한 구원' 등의 개념으로 이루어진 유대교였다."[27] 그리스도교가 진정으로 예수의 복음에 기초하여 성립한 종교라고 한다면, 죄·심판·구원과 같은 개념이 처음부터 들어서서는 안 되었다. 바꾸어 말하면, 이러한 개념을 교리의 핵심으로 삼는 그리스도교는 예수의 가르침에 정반대되는 것을 가르쳐 왔던 것이다.

천국은 죽어서 가는 곳이 아니다. 디오니소스적 긍정의 태도 속에서 자신의 운명을 사랑하며, 고통과 슬픔도 단지 삶의 한 과정으로서 담담히 견뎌 내며, 힘과 의지로 장애와 난관을

---

26 같은 책, 98쪽.
27 같은 책, 82쪽.

성장과 발전의 계기로 승화시킬 수 있는 위버멘쉬에게는 자신이 살아가는 지옥과 같은 현실이 곧 천국과 다름없을 것이다. 이런 사람에게는 죽어서 갈 천국이란 곳은 존재하지 않으며, 설령 존재한다고 해도 그다지 의미가 없다. 왜냐하면 예수의 복음처럼, 자신의 삶을 무한히 사랑하고 자신의 삶을 사랑하는 것처럼 타인의 삶 역시 무한히 사랑하는 사람에게, 천국이란 이미 지상에 실현되어 있는 것이나 다름없을 것이기 때문이다. 요컨대 니체는, 예수라는 위대한 인물에게서 우리가 배워야 할 점이 바로 "삶에 대한 사랑"이라고 말한다.

그렇기 때문에 삶을 인정하고 수용할 줄 모르는 성마르고 조야한 품성의 인간들, 그러니까 원한 감정에 사로잡혀 죄·벌·구원·영생이라는 조잡하기 짝이 없는 개념으로 점철된 교리를 체계적으로 날조했던 예수의 제자들과 사도들, 또 이러한 교리에 기초하여 수립된 교회를 이용하여 사람들의 고혈을 빨아 생명력과 삶의 의지를 갈취하고 있는 사제와 성직자야말로, 니체의 눈에는 오히려 예수의 참된 가르침에 철저하게 반하는 반그리스도·적그리스도로 보였던 것이다. 즉 니체의 『안티크리스트』가 비판하는 것은, 허무주의에 빠진 자들이 '신의 아들'로 신격화하고 숭배하는 예수가 자신들의 삶을 구원하여 천국으로 이끌어 줄 것이라고 맹신했던 '그리스도 (구세주) 사상'이지, 바로 이 지상에서 사랑을 실천하는 삶의 모범을 보여 주었던 탁월한 인물, '사람의 아들' 예수가 아니었던 셈이다.

그런 점에서 우리는 남수단 톤즈에서 전쟁과 빈곤으로 생존의 위기에 처한 아이들을 위해 봉사하는 헌신적인 삶을 살았던 고故 이태석 신부를 떠올려 볼 필요가 있다. 이제까지 니체의 입을 빌려 신랄하게 사제·성직자를 비판해 놓고 이제 와서 이태석 신부를 존경한다고 하면, 독자는 나를 당최 앞뒤가 안 맞는다고 비난할지도 모르겠다. 하지만 분명히 말하건대 니체의 그리스도교 비판은 특정한 형태의 그리스도교 신앙에 대한 비판으로 이해해야 한다. 한번 비교해 보라. "살아 있는 예수"라고까지 불리는 이태석 신부를 두고, 신도들을 이용해 먹기에 여념이 없는 사이비 교주, 자신을 우상화·신격화하며 구세주라고 선전하는 그 수많은 "자칭 재림 예수"들과 같은 선상에서 다루는 것이 과연 온당한가? 그런 맥락에서 나는 앞에서부터 지속적으로 다음과 같이 말해 왔다. 니체의 『안티크리스트』로부터 무언가를 배우고 싶다면, 예수의 복음과 제도 종교로서의 그리스도교를 구분해야 한다. 나아가 그리스도교 내에서도 사랑에 기초하여 건강한 신앙을 추구하는 온건한 교회·모범적인 성직자와, 르상티망에 기초하여 니힐리즘을 강조하는 극단적 교회·사이비 성직자를 구분해야 한다.

전쟁과 빈곤으로 인류가 생존의 위기에 처했을 때, 사후에 도달할 천국을 동경하며 노상 하늘만 처다보고 기도만 하는 식으로 그리스도교 신앙을 전파하는 성직자와, 발 딛고 있는 이 땅 위에서 고통받는 인류의 삶을 개선해 보기 위해 어떻게든 자신이 할 수 있는 모든 것을 바쳐 온갖 노력을 기울이는 사제 중, 누가 더 예수의 복음에 더 가까운가? 확언하건대, 예수는 "죽어서 영원한 복을 누리는 천국"을 말하지 않았다. "나 자신을 사랑하고 모든 이가 서로 사랑하는 현실의 삶 속에서 천국은 이미 이루어졌다"고 말했다. 그런 점에서 누구보다 모범적으로 예수의 복음을 따랐던 이태석 신부는 존경받아야 마땅한 성인일 뿐만 아니라 위대한 일을 해낸 위버멘쉬이기도 한 것이다.

하지만 불행하게도, "악화가 양화를 구축한다"는 '그레샴의 법칙Gresham's law'은 종교에서도 예외가 아니다. 그래서 기존의 경제 시스템 내에서 통용되는 악화와 양화를 구분하지 말고, 아예 전면적인 화폐 개혁을 단행함으로써 '제로 베이스'에서 완전히 새판을 짜야 할 필요도 있다. 그런 취지에서 19세기를 살았지만 20세기의 서광을 보지 못한 채 죽음을 맞이했던 니체는, 예수가 탄생했다고 추정되는 해(年), 즉 오늘날 인류가 연도를 산정할 때 기원전B. C., Before Christ과 기원후A. D., Anno Domini를 가르는 기준으로 삼는 '서력기원(西紀)'에 관하여 다음과 같이 말한다.

"우리는 그 숙명적 불행이 시작된 흉일(凶日)을 기점으로, 즉 그리스도교가 시작된 첫날을 기점으로 시간을 계산하고 있다. 왜 그리스도교 최후의 날을 기점으로 하여 계산하지 않는 것인가? 오늘부터, [기존의 구세주 사상과 관련된] 모든 가치의 전환이 이루어진 오늘부터 말이다."[28]

---

28 같은 책, 164쪽.

요컨대 니체는, 교조화된 이데올로기로 군림하고 있는 종교로부터 해방된 20세기의 신인류, 즉 위버멘쉬가 창조해 가는 새로운 세상이 도래하기를 고대하였다. 그리하여 모든 인간이 각자 자신이 처한 조건과 상황에서 운명의 진정한 주인으로 거듭나기를 염원하면서, 선·악 이분법에 기초한 그리스도교로부터의 해방과 자주독립을 뜻하는 '안티크리스트'를 선포했던 것이다.

4장

—

니체 철학의 한계와 의의 및 삶을 위한 활용

　이상으로 큰 틀에서 니체의 철학을 살펴보았다. 2장은 니체가 진단하는 문제의 원인과 그에 대한 비판이었고, 3장은 문제의 해결과 극복을 위해 니체가 제시하는 처방과 대안이었다. 그런데 니체의 사상을 "곧이곧대로 맞다, 전부 옳은 말이다"라고 마냥 긍정적으로 평가하기에는 상당히 많은 문제가 있다.

　니체를 처음 접하는 독자를 위한 입문서라는 점을 고려하여, 앞에서 나는 니체가 말하고자 하는 바를 최대한 수용하는 방식으로 해석해 왔고, 심지어 필요 이상으로 ─나의 신념과 생각에도 반하여— 그를 두둔하며 옹호하는 노선을 취하기도 했다. 한편으로는 성역과 금기에 도전하는 짜릿한 통쾌함과 자유로운 해방감을 불러일으키면서도, 다른 한편으로는 "아무리 그래도 이건 좀 아닌데"라는 생각으로 몹시 불편하게 만드는 니체의 사상은, 분명 적지 않은 논리적 비약과 심각한 위험성을 내포하고 있다. 그러므로 니체 철학에 대한 균형 잡힌 이해를 위해서는, 한계와 의의를 두루 살펴보는 비판적 고찰이 요구된다.

1. 정의에 대한 외면과 현실 지배 질서의 맹목적 옹호

니체 철학의 치명적 한계는 바로 '정의'의 문제가 시야에 존재하지 않는다거나, 옳음이라는 가치가 특정한 관점에서 편향적으로 왜곡되어 있다는 점이다. 앞서 2장 7절에서 우리는, 니체가 "약하기 때문에 선하다(옳다·정당하다)"는 인과관계에 오류가 있음을 지적하면서, "강한 것이 좋다(옳다·정당하다)"라고 말했던 것을 살펴보았다. 삶의 관점에 비추어 볼 때 '귀족의 도덕'이야말로 직관적이고 상식적이며 정직한 태도이며, 약자가 선하고 정의롭다는 '노예의 도덕'은 심사가 뒤틀려 가치를 전도하는 솔직하지 못한 태도라고 니체는 주장하였다. 물론 어떤 맥락에서는 니체의 예리한 통찰과 분석이 일리가 있는 것이 사실이다. 그럼에도 나는 여기서 '어떤 맥락에서는'이라는 유보적 표현을 강조하고 싶다. 즉 '다른 맥락에서는' 니체의 말이 완전히 틀릴 수도 있다는 것이다. 어떤 점에서 그러한가?

내 생각에 강함·약함 및 옳음·그름은 서로 별개의 차원에서 운위되는 가치로, 이것을 한데 뒤섞어 버리는 것은 잘못이다. 그러니까 그리스도교가 "약함을 옳음(선)으로, 그리고 강함을 그름(악)"으로 전환하는 가치 전도에 문제가 있다고 지적하는 것도 때로는 그 나름의 의의가 있지만, 설령 그렇다 하더라도 "강함이 곧 옳음이고, 약함이 곧 그름"이라는 니체의 주장도 언제나 반드시 타당하지는 않다는 것이다. 니체는 강함·높음·귀함·아름다움·넉넉함·건강함 등 세상에 존재하는 모든 '좋은 것'을 '탁월함'으로서의 '덕'이라는 개념 아래 욱여넣고 있으며, 나는 앞서 2장 5절에서 이를 '삼위일체'라고 해설한 바 있다. 이는 일견 그럴듯해 보이지만, 실상 서로 다른 차원에 존재하는 여러 가치를 한데 뒤섞어 버리는 오류를 범하는 것에 불과하다.

단적으로, 니체의 말처럼 약자라서 선한 것이 아니라고 하더라도, 약자 중에 선한 사람이 있을 수 있고, 선한 사람 중에서도 약한 사람이 있을 수 있다. 마찬가지로 강자이면서 옳은 사람이 있을 수도 있지만, 강하지만 악한 사람 또는 악하면서 강한 사람 역시 얼마든지 있을 수 있다. 즉 내가 보기에 니체는, 서로 다른 영역에서 평가해야 하는 가치를 자의적 기준에 따라 마치 자명하다는 듯 줄줄이 꿰어 같은 범주 아래 집어넣고 있는데, 이는 심각한 잘못이 아닐 수 없다. 왜냐하면 니체가 그리스도교를 비판하는 맥락에서처럼 힘의 강·약을 선·악으로 환원하는 것도 문제이지만, 역으로 니체의 주장처럼 옳고 그름의 문제를 힘의 강·약으로 환원하는 것도 부당한 것은 마찬가지이기 때문이다.

2,500년 가까운 세월 인류의 지성과 정신문화는 다양한 가치가 존재함을 규명해 왔고, 동일한 가치라도 어떤 관점에서 바라보느냐에 따라 서로 다른 해석이 가능함을 숙고해 왔다. 도덕적 '선善'이라는 개념도 어떤 윤리적 입장에서 규정하

고 평가하느냐에 따라 절대로 일의적 가치를 지닐 수가 없다. 상황이 이러할진대 "강한 것이 좋은 것이고 옳은 것이다"라는 니체의 입장은 매우 독단적일 뿐만 아니라, 인간이 삶에서 다양한 차원의 의미와 가치를 체험한다는 '현상학적 관점'으로 보더라도 강함·좋음·옳음을 동일시하는 것은 '사태 자체'에 부합하지 않는다.

무엇보다 니체는 생명의 본질로서 '힘'을 강조하는데, 그러다 보니 그의 사상은 사회적 약자에 대한 강자의 지배를 정당화하는 논리로 악용될 수 있는 여지가 다분하다. 솔직하게 털어놓으면 나는 앞의 2장 9절에서, 흡혈귀와 기생충에 비유되었던 성직자와 사제가 신도를 착취하는 것을 비판하는 니체의 논리를, 방향이 잘못 설정된 왜곡된 의지로 규정하여 정당화하느라 매우 애를 먹었다. 왜냐하면 약자에 대한 강자의 지배라는 점에서, 오히려 니체의 논리가 성직자와 사제를 정당화하는 논리로 전용될 가능성을 원천적으로 배제할 수 없기 때문이었다. 바꾸어 말해 니체의 사상이 '힘의 논리'를 핵심 전제로 삼고 있는 이상, 과연 '적자생존'이니 '약육강식'이니 '착취'니 하는 이른바 '비도덕적' 사회 현상을 비판할 수 있는 근거를 자체적으로 내재하고 있다고 말할 수 있을까? 나는 이 물음에 매우 부정적으로 답할 수밖에 없을 것 같다.

특히 "악해서 망하는 것이 아니라, 약해서 망하는 것"이라고 주장하면서 약자에 대한 연민이나 동정 및 복지를 부정적으로 평가하는 니체의 사상은 정치적으로도 매우 위험하다는 문제가 있다. 약한 자가 망하도록 방조하는 것이 아니라, 약한 자가 다시 힘을 내서 일어설 수 있도록 지원하는 것이 정의가 아닌가? 물론 자립의 의지도 전무하고 무언가를 해 보겠다는 의지도 없이 정부가 지급하는 각종 보조금에 기대어 그저 연명하는 것이 목표인 무기력한 사람도 없지는 않겠으나, 그렇다고 아무런 사회적 지원 없이 무작정 개인의 힘으로만 다시 일어서라고 요구하는 것도 부당하고 폭력적인 처사임이 분명하다.

그런 점에서 마이클 샌델M. Sandel의 『공정하다는 착각』을 니체에 대한 비판의 맥락에서 함께 검토해 보는 것은 의미가 있다. 이 책의 원제목은 "The Tyranny of Merit", 그러니까 "능력의 독재"다. 여기서 샌델은, 공정한 기회가 주어지기만 하면 누구나 자신의 능력과 노력으로 성취와 성공에 이를 수 있다는, 이른바 '능력주의meritocracy'의 한계와 허구성을 비판한다. 과연 성취는 온전히 자기만의 노력에 달린 것일까? 다른 방식으로 물으면, 성공하지 못하는 것은 그만큼 개인의 노력이 부족해서인가? 만약 니체에게 이러한 물음을 던지면, 아마도 그는 확신에 차서 "그렇다"고 답할지도 모른다는 생각이 든다. 즉 '귀족의 도덕'을 통해 탁월함을 강조하는 니체의 사상은 다분히 '승자독식勝者獨食, The Winner Takes It All'을 정당화하는 성격을 띤다. 하지만, 성공이란 순전히 자기 자신의 능력에만 달린 것이 아니다. 노력을 안 해서가 아니고 누구보다 열심히 살아가는 데도, 다른 이유로 원하는 만큼의 성취를 이루지 못하는 사람들이 너무나 많은 것이다. 이러한 점을 고려할 때, 성취·성공을 순전히 능력·노력과 같은 '힘의 논리'로 환원하는 것처럼 읽히는 니체의 사상은 '사회 정의'의 문제를 간과하거나 외면해 버릴 심각한 위험성을 지니고 있다.

2. 힘에 대한 숭배로서의 극우 이데올로기와 전체주의

앞서 3장 10절에서 우리는 평등주의에 반대하는 니체가 반민주주의·반사회주의·반공산주의라는 정치적 견해를 피력하고 있음을 살펴보았다. 그리고 나는, 표면적으로는 만인의 평등을 주장하면서도 실질적으로는 현실의 기득권으로 변질되어 버린 공산주의의 과오에 니체의 비판을 적용함으로써, 이른바 '극좌極左 이데올로기'의 위선을 폭로하였다.

하지만 이렇게 하면, 양극단으로 갈리어 매사 정치적으로 해석해야만 직성이 풀리는 한국 사회에서 불필요한 오해를 자초하기 쉽다. 그 어떠한 이념이나 이데올로기로부터도 해방되어 자유롭게 살고 싶은 개인적 신념에 반하여, 마치 내가 '극우極右 이데올로기'를 지지하기라도 하듯 논지를 편 것에 나를 공격하는 사람이 있을지도 모른다고 우려하게 되는 것이다. 그래서 나는 균형추를 맞추기 위해서라도 나치Nazi와 전체주의에 대한 비판을 수행하지 않을 수 없다.

실제로 니체의 철학은 사후에 히틀러A. Hitler의 국가사회주의(나치)를 정당화하는 어용 이데올로기로 악용된 측면이 있다. 물론 역사적 사실을 정확히 짚고 넘어가면, 니체는 결코 나치에 부역하지 않았으며 실상 그렇게 할 수조차 없었다. 왜냐하면 그는 20세기의 도래를 보지 못한 채 1900년에 이미 사망했고, 히틀러가 정권을 잡은 것은 1930년 전후이기 때문이다. 즉 니체와 나치 사이에는 적게 잡아도 30년이라는 시대적 간극이 존재하며, 따라서 니체가 생전에 히틀러를 지지하거나 나치에 협력하는 것 자체가 불가능한 일이었다.

사정이 이러함에도 많은 사람이 니체와 나치의 내적 관련성에 주목한다. 아무래도 생전에 그다지 주목받지 못했던 니체를 사후에 '서양 형이상학의 완성자'로 재평가함으로써 화려하게 부활시킨 하이데거M. Heidegger의 기여가 적지 않은 듯한데, 하이데거야말로 적극적으로 나치에 부역한 철학자이기 때문이다. 하지만 전체주의를 정당화하고 세뇌하기 위해 히틀러와 하이데거가 어떤 식으로든 이미 죽은 니체를 '무덤에서 되살리려' 했던 것이 사실이라면, 그것은 견강부회식으로 억지로 갖다 붙인다고 될 일이 아니고, 나치가 '이용하기에 적합한' ―또는 나치의 '취향을 저격할' 만한― 무언가를 니체 사상이 내포하고 있었기 때문이라고 보는 것이 정확할 것이다.

히틀러와 나치는 순전히 '힘'이라는 자의적 기준에 따라 우월과 열등을 나누고, 우수하고 강한 의지를 지닌 아리안 민족이 저열하고 의지가 박약한 장애인·집시·유대인·유색인종을 차별하고 탄압하는 것을 정당화하는 어용 이데올로기로 니체의 사상을 적극 이용했다. 즉 바로 앞 절에서 언급했던 것처럼, 니체 철학의 치명적 위험성 또는 근본적 한계는 바로 그가 정의·옳음의 문제를 강·약의 문제로 치환해 버렸다는 데에 있다. 백번 양보해서 그가 직접 그런 것을 의도하지 않았다고 하더라도, 그런 방식으로 악용될 가능성이 매우 농후하다는 데에 심각성이 있는 것이다.

약자에 대한 강자의 우위, 또는 약자에 대한 강자의 지배는 과연 정당한가? 플라톤의 『국가』에서 트라시마코스 Thrasymachus는 "정의란 결국 힘을 지닌 자의 이익"에 부합하는 것이라고 주장한다. "정의란 권력을 가진 통치자가 자신의 이익을 위해 만들어 선포하고 강제하고 처벌하는 것"에 다름 아니라는 것이다. 이러한 입장은 "역사는 승자의 기록"이라는 논리와도 통한다. 도덕적 정당성은 현실적인 힘에서 나온다는 말이다. 그런 점에서 보면, 플라톤이 말하는 '이데아'로서의 '옳음'은 존재하지 않는다. 왜냐하면 누가 권력을 쥐느냐에 따라 얼마든지 입맛대로 달라질 수 있는 것이 곧 정의이자 법이기 때문이다.[29]

하지만 플라톤은 스승인 소크라테스의 입을 빌려 이상적인 정치의 본질인 옳음이 있다고 반박한다. "사람들을 위한 정치가 곧 정의"라는 것이다. 만약 그 자체로 참된 것(이데아·본질)으로서의 '옳음(정의) 그 자체'란 것이 존재하지 않고 세상의 모든 일이 힘의 논리로 정당화될 뿐이라면, 세상은 말 그대로 강한 자가 더 강한 자로 끝없이 대체될 뿐인 무법천지와 다를 것이 없을 테니 말이다. 결국 강자의 힘을 추종하는 니체의 사상은 현실의 권력구조와 기성의 지배 질서를 맹목적으로 용인하는 극단적으로 보수적인 정치적 입장, 즉 기득권을 대변하는 이데올로기로 변질될 가능성이 있다.

19세기 독점 자본주의의 시대를 선도한 미국의 록펠러↵

---

29 성리학의 이념 위에서 건국한 조선에서 반드시 필요했던 것이 고려사를 자신들의 관점으로 평가하고 정리하는 일이었다. 이에 따라 적어도 고려 말기의 역사는 다분히 비도덕적이고 구제불능의 난맥상으로 기술되었어야만 했다. 내가 여기서 강조하고 싶은 것은, 설령 그것이 실제 사실에 부합하지 않더라도 일단 그런 식으로 역사가 기록되면 진리로 둔갑한다는 점이다. 그렇게 해야만 조선이 정의를 바로 세웠다는 정당성을 획득하고 통치의 권위를 확립할 수 있기 때문이다. 하지만 니체의 계보학이 제기하는 물음을 상기하자. "그것이 진리인가?"보다 중요한 질문은 다음과 같다. "그것이 누구를 위한 진리인가?" 그리고 "누구에 의해 만들어진 진리인가?"

Rockefeller는 석유산업의 대제국을 일구었다. 21세기 현재에도 글로벌 석유 회사 엑손 모빌의 시장 영향력은 지배적이며, 그로 인해 미국은 세계 패권국으로서의 위상을 공고히 하고 있다. 그런데 록펠러가 사업을 확장하는 과정에서 어떤 불법을 저질렀고 어떤 식으로 노동자와 이민자를 폭력적으로 착취하면서 이권을 확대했는지 일단 논외로 한 채, 탁월하고 위대한 업적을 인정하지 않으면 안 된다는 것이 이른바 '보수·우파'의 논리다. 이른바 "공로가 칠이요, 과오가 삼(功七過三)"이라는 얘기다. 다시 말해 보수·우파는 현실적인 것의 근거를 과거에서 찾으며, 과거에 무엇인가가 정당성을 가질 수 있었던 이유를 그것이 한때 탁월함을 발휘했었기 때문이라고 주장한다. 그래서 정치적 보수·우파는 기본적으로 전통을 중시할 뿐만 아니라, 무엇보다 탁월한 업적을 남긴 역사 속의 '위인(偉人)'을 동경하고 숭배하는 경향이 있다.[30]

---

30 불필요한 정치적 논란의 여지를 최소화하기 위해 미국의 록펠러를 예로 들었지만, 단적으로 한국 현대사를 보라. 오늘날까지도 남아 있는 개발독재에 대한 찬양과 권위주의에 대한 향수는 모두 '구국을 위한 역사적 결단'을 내린 '위대한 영웅'을 미화하기에 여념이 없다. 24년 12월 3일 '아닌 밤중에 홍두깨'처럼 폭력을 앞세

그런데 여기서 말하는 '위인'이 니체가 말하는 '위버멘쉬'와 같은가, 다른가? 다르다면, 과연 얼마나 다른가? 나는 최대한 니체를 방어하여 옹호하고 싶지만, 유감스럽게도 양자의 근본적 차이를 규명하기가 쉽지 않다. 평범한 사람이 해내지 못하는 엄청난 일을 해내는 사람을 '위대한 사람'으로 부르는 것이라면, 니체가 말하는 위버멘쉬와 내용상 그다지 거리가 멀지 않은 셈이다. 남들보다 탁월함을 발휘하여 큰 힘을 가지게 된 모든 사람은, 그가 어떤 일을 어떻게 해 왔든 간에 ─설령 그가 불의를 저질렀다 하더라도─ 무조건 그가 가진 힘과 권위를 인정해야 하는 것인가?

그런 점에서 힘을 숭배하는 니체의 사상은 마키아벨리N. Machiavelli의 정치사상과도 연결된다. 마키아벨리는 『군주론』에서 군주가 갖추어야 하는 '덕virtus'을 논하면서 "완벽한 선을 추구하지 말고 악해지는 법도 배워야 한다", "군주는 결코 양심적이거나 도덕적이어서는 안 된다"고 노골적으로 주장한다.

워 나라를 어지럽게 한 대통령의 시대착오적 비상계엄 선포도, 극우 유튜버의 망상적 세계관을 신봉하는 '구국의 결단'에서 비롯되었음을 상기하자.

또한 "목표를 이루기 위해서는 사자의 용맹과 여우의 꾀가 모두 필요하다"며 군주는 수단과 방법을 가리지 말아야 한다고 주문한다. 그러니까 자신이 목표한 것을 현실화하는 강력한 힘과 결단 그리고 결과적 성취만이 진정한 덕이며, 시·비와 선·악 따위의 도덕은 한낱 목적한 바를 이루기 위한 그럴듯한 명분이나 수단적 가치밖에 지니지 못한다는 것이다.

이런 이유에서 히틀러가 세계 정복이라는 야망을 실현하기 위해 그토록 수많은 인류의 목숨을 하찮게 생각했는지는 모르겠지만, 맹목적인 힘을 추구하는 것처럼 보이는 니체의 사상은 ―그가 실제로 이러한 의도를 가졌었는지와 무관하게, 또 그가 나치에 부역하지 않았다는 역사적 사실을 고려하면 억울한 측면이 없지는 않겠지만― 정치적으로 매우 위험한 방식으로 오해되고 악용될 여지가 충분하다. 니체 철학 자체가 정의의 문제를 힘의 문제로 환원하다 보니, 나치에 이용될 소지를 제공하는 치명적인 한계를 내포하고 있었던 셈이다.

하지만 나치가 선거를 통해 집권한 것은, 독일이 제1차 세계대전에서 패전국으로 전락한 이후였다. 막대한 배상금으로 인한 부채에 허덕이고 대공황이 초래한 빈곤으로 나락으로 떨어져 신음하던 독일 국민은, 누더기가 된 자신들의 자존심을 회복시켜 줄 압도적 힘을 지닌 초인의 출현을 동경하며 히틀러를 지지했던 것은 아니었을까? 그런 점을 고려하면, 니체 철학으로 극우 이데올로기를 정당화하려 했던 히틀러와 나치의 시도야말로 오히려 '반(反)니체적'이었다고 볼 수도 있다. 왜냐하면 니체는 데카당스를 비판하는 취지에서 힘을 강조했었는데, 나치는 오히려 독일인의 열패감과 무력감을 만회하기 위한 목적에서 힘을 숭배하는 '전체주의'를 내세웠기 때문이다.

스스로 영웅이 되고 위인이 될 생각을 하지 못하고, 다른 이에게서 자신의 삶을 구원해 줄 구세주의 모습을 찾는 것이야말로 니체가 비판하는 데카당스 아니었던가? 즉 히틀러와 나치는 데카당스에 빠진 독일 국민의 원한 감정을 부추겨, 전체주의라는 압도적인 힘을 통해 정신승리함으로써 현실의 불만을 해소하려고 했던 것은 아닐까? 그런 점에서 나는 오늘날 동서양을 막론한 여러 나라에서 '권위주의'와 '독재'가 부상하고, 소위 '스트롱맨strong man'들이 대중들로부터 지지 기반을 확대해 가는 국제 정치 지형이 매우 염려스럽다. 하지만 이러한 우려는 니체를 최대한 옹호하는 견지에서 말해 본 것이고,

『이성의 파괴』에서 루카치 G. Lukacs가 지적한 것처럼, 힘에 대한 숭배를 골자로 하는 니체 사상 자체가 태생적으로 극우 이데올로기, 전체주의에 의해 악용될 수 있는 소지를 배태하고 있다는 평가도 얼마든지 가능하다.

3. 삶을 억압하는 모든 이데올로기 비판을 위한 무기

위에서 제기한 비판은 니체 사상이 정치적·사회적으로 악용될 위험성을 지적하는 우려였지, 우리가 삶에서 니체 철학을 어떻게 긍정적·생산적으로 활용할 수 있을지에 관한 논의는 아니었다. 이제 이러한 관점에서 니체 철학의 의의를 평가해 보기로 하자.

나는 니체 철학의 압권이자 백미가 바로 '계보학적 회의'라고 생각한다. 앞서 2장 2절에서 살펴보았지만, 계보학은 문제가 되는 현상의 발생적 기원을 거슬러 추적하는 방법으로, 당연하다고 간주되는 것이 실상 그 자체로 자명한 것이 아니라, 오히려 누군가의 은폐된 목적과 숨겨진 의도에 의해 참된 것으로 만들어져서 진리로 선전되고 있다는 점을 폭로하는 수단이었다. 니체는 계보학을 종교와 도덕에 적용하여 비판하였지만, 우리는 니체의 전략을 모든 종류의 이데올로기를 비판하는 데에 활용할 수 있다.

단적으로 정치 이데올로기(이념)를 비판하는 데에 아주 유용한 무기가 된다. 정치 이념은 사회가 지향해야 하는 이상을 제시하고, 거기에 동조하는 대중을 결집시켜 힘을 모으는 역할을 한다. 그런데 이러한 정치 이념을 만들어 선전하는 역할은, 우파든 좌파든 기득권을 누리고 있는 엘리트 정치인의 몫이다. 이들이 선도하여 목표를 제시하고 방향을 설정하면, 대체로 일반 국민은 자신이 지지하는 정파를 지지하며 추종하는 것이다.

민주주의를 정체로 삼는 대한민국에서, 국민은 단 하루 선거일에만 투표권을 행사하여 명목상의 주인 노릇을 하고, 나머지 4-5년은 국민의 대표이자 소위 '높고 귀하신 분들'의 실질적 지배를 받고 있다. 이러한 비상식이 지속되다 보니까, 한편에서는 정치가 도대체 내 삶과 무슨 관계냐며 정치에 아예 관심이 없는 '탈정치'로서의 '무기력'이 만연해 있다. 하지만 다른 한편에서는 정치에 '과몰입'되어 특정 정파를 맹목적으로 추종하는 일부 '극렬' 지지층이 생겨나기도 한다. 종교에 대한 맹신이 데카당스의 징후라는 니체의 말처럼, 정치에 대한 맹종 역시 데카당스의 징후다. 교회와 사제가 신앙을 통해 천국에 갈 수 있다고 선전하는 것과, 정치인이 정치를 통해 유토피아를 이룰 수 있다고 선전하는 것은, "사람을 낚는 일"이라는 점에서 정확히 동일한 성격의 비즈니스다.

이러한 상황에서 우리는 니체의 '계보학적 회의'에 따라, 모든 유형의 정치 이데올로기에 다음과 같은 의문을 던져야만 한다. 장밋빛 환상을 제시하는 거대 담론이 도대체 "누구에게 이득이 되는가*Cui bono*?" 본래 이 물음은 살인 사건 수사에서 제기되어야만 하는 가장 근본적인 질문으로 알려져 있다. 살인을 저지른 범인이 누구인가를 밝혀내기 위해서, 먼저이 죽음을 통해서 가장 이득을 보는 사람이 누구인가를 찾아내야 한다는 뜻이다. 그래서 치정이나 원한 등의 감정선만이 아니라 금전적 이해관계의 흐름을 쫓아가면 궁극적으로 범행의 동기가 드러나고 범인에 이르게 된다는 것이다. 마찬가지로 좌·우 가릴 것 없이 국민의 눈을 가리고 삶을 억압하는 모든 종류의 정치 이념에 대해서, 우리는 그것이 진리로 표명됨으로써 정작 누가 이득을 보는지를 물어야 한다.

이러한 정치 이념을 자명한 진리로 만들어 선전하는 자는, 국민에게 사상을 주입하고 세뇌하고 강제함으로써 가장 많은 이득을 보는 자일 것이다. 그리스도교의 교리를 날조하여 권력을 유지하는 사제처럼, 국가라는 이름을 팔아 이득을 보는 자는 —그자가 천황이든, 총통이든, 주석이든, 영도자든, 수령님이든, 장군님이든, 대통령이든 뭐라고 불리든 간에— 소수의 통치자·권력자뿐이다. 애석하게도 이러한 사정은 극좌 이데올로기에서나 극우 이데올로기에서나 매한가지다. 히틀러의 국가사회주의가 가장 적대시한 이데올로기가 스탈린Stalin의 공산주의였다는 사실은 참으로 아이러니하다. 민중의 삶을 착취하고 국가와 전체라는 대의를 앞세워 개인을 철저하게 짓밟은 점에서 보면 나치나 소비에트나 거기서 거기였던 셈이다.

앞서 트라시마코스의 "정치는 강자의 이익이다"를 현실 지배 질서를 옹호하는 논리라고 비판하였지만, 이것을 역으로 현실을 비판하는 논리로 전유하면 니체의 계보학은 정치권력에 저항하는 강력한 무기가 될 수 있다. 즉 계보학적 회의의 관점으로 보면, 좌파와 우파 중 어느 편에 힘을 실어 줄 것인가가 중요한 것이 아니다. 오히려 중요한 것은, 좌파든 우파든 모든 형태의 정치 이념이 누군가의 숨겨진 의도와 은밀한 기획에 의해 그럴듯한 진리로 포장되어 선전되는 기만에 불과한 것일 수 있음을 통찰하고, 어떠한 이데올로기에도 휘둘리지 않고 자유로운 인간으로 살아갈 수 있는 비판적 문제의식과 자립의 역량을 기르는 것이다.

현실에서의 삶이 근원적·실질적인 것이고 정치는 이러한 삶을 더 발전시키기 위해 제안되는 파생적 조치이자 형식적 수단에 불과한 것이지, 그 반대가 아니다. 다시 말해 근원적인 삶을 위해 정치가 필요한 것이지, 정치에 매몰되어 이념의 색안경을 쓰고 현실을 왜곡하거나 삶을 재단하는 것은 본말전도의 우를 범하는 일에 지나지 않는다. 종교에 대한 맹신과 도덕주의 프레임이 자연스러운 삶을 억압한다고 비판했던 니체처럼, 우리도 형이상학적 이데올로기로서 온갖 형태의 '○○주의'가 생동하는 삶을 이념적 틀에 가두고 현실을 왜곡해서 보게끔 만드는 시도에 경각심을 가져야 한다.

모든 정치 이데올로기는 종교와 마찬가지로 지상낙원의

유토피아를 제시하지만, 그 대가로 실제 삶의 현장을 외면하고 도피하게 만든다. 그러니까 삶에서 고통과 불만족과 무기력을 느끼는 자들이 쉽게 거대 담론에 빠지는 이유는, 최후의 심판과도 같은 혁명적 사건을 통해 자신의 삶이 단번에 개선될 수 있으리라는 희망 때문이다. 그리고 기득권 엘리트 정치인들이 표를 얻기 위해 팔아먹는 —지키지도 못할 뿐만 아니라 애당초 지킬 생각조차 없는— 공약空約에 함몰되어, 자신의 삶을 송두리째 정치에 갖다 바친다.[31] 그리스도교와 조금도 다르지 않은 맹목적 신앙, 이것이 좌·우를 가리지 않는 모든 정치 이데올로기의 본질이며, 권력자와 엘리트는 데카당스에 빠진 대중을 선동하는 방법을 누구보다 잘 알고 이를 교묘하게 이용한다. 보수든 진보든 이른바 종교처럼 숭배되는 교조화된 정치 이념은 민생民生, 그러니까 구체적인 삶의 현장과 철저하게 유리되어 있는 것이다. 이를 그림으로 나타내 보면 다

---

31 그런 점에서 1년 365일 태극기와 성조기를 나부끼며 "반공·멸공"을 외치거나 노상 머리에 빨간 띠를 두르고 "반미·반자본"을 부르짖는 이른바 정치 이념에 과몰입된 대중은, 내가 보기에 "예수 천국, 불신 지옥"을 외치면서 천국을 동경하는 데카당스와 크게 다르지 않아 보인다.

음과 같다.[32]

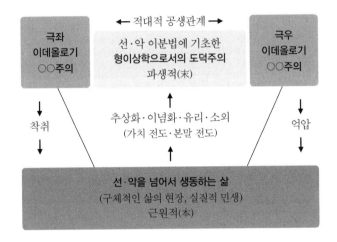

32 여기에는 현상학자인 나의 관점이 투영되어 있다. 니체의 '선·악을 넘어서'는 후설의 '생활세계(life-world)'에, 니체의 '가치 전도'는 후설의 '이념화'에 상응한다. 나는 추후 이 구도를 '현상학적 정치철학'의 기본 테제로 발전·심화시켜 볼 생각이다. 요지는, 후설이 비판했던 자연주의·객관주의·과학주의만이 아니라 삶에서 유리된 형이상학으로서의 정치·경제·사회·문화 이데올로기가 모두, 근원적으로 생동하는 인간의 삶을 소외시키고 착취하고 억압한다는 것이다. 그런 맥락에서 이 그림을 내가 2장 10절에서 3장 1절에서 제시했던 도식과 중첩시켜 보길 바란다. 이로써 다음과 같은 점을 분명히 말한다. 만약 정치에서 말하는 '중도'란 것이 치우치지 않는다는 의미에서 좌·우 양극단으로부터 적당히 거리를 두는 것을 뜻한다면, 나의 입장은 '중도주의(中道主義, centrism)'가 아니다. 좌파·우파·중도는 동일 평면상의 선형적 스펙트럼을 전제한다. 반면에 나는 이데올로기에 대한 '현상

내가 보기에 좌파와 우파는, 마치 그리스도교가 상상과 관념으로 지어 올린 선·악 이분법처럼, 도덕주의라는 프레임을 공유하는 적대적 공생관계에 불과하다. 영화 〈설국열차〉는 기차의 머리 칸에서 체제를 지배하는 자와 꼬리 칸에서 체제에 저항하는 자가 실상 아주 오래된 친구로서, 은밀하게 권력과 이익을 분점하며 민중 위에 군림하는 한통속이었음을 적나라하게 보여 준다. 각자는 자신을 선으로 규정하고 상대를 악마화하지만, 적대적 대립과 갈등 속에서도 양쪽을 결국 권력과 이익을 공유한다. 그렇기에 철저하게 삶이라는 관점에서 보면, 교조화된 정치 이념을 선전하는 좌파와 우파는 모두 국민의 삶이 아니라 밥그릇을 놓고 싸우는 이리 떼와 같은 존재에 지나지 않는다.[33]

학적 판단중지'를 통해 정치가 복귀해야 하는 토대로서 생동하는 삶을 분명히 제시한다. 현상학적 정치철학이 근원적으로 준거해야 하는 것은 실질적 민생이지, 생활세계와 유리된 채 '공리공론(空理空論)'을 일삼는 이념적 정파 간 세력 균형으로서의 '형식적 절충'이 아니다. 그런 점에서 "삶이 정치의 근본"이라는 말은 '애매모호한 중간'이나 어정쩡한 '기계적 중립'과는 전혀 다른 뜻이다. '반문농부(反問農夫)'라는 말처럼, 나는 정치가 해결해야 하는 모든 "문제의 해답이 구체적인 삶의 현장에 있다"는 점을 강조하고 싶다.

33 시청률과 흥행을 위해 과장된 점이 없지 않겠으나, 넷플릭스 드라마 〈돌풍〉 역시

그래서 우리는 니체의 비판을 거듭 되새겨볼 필요가 있다. 종교와 사제만이 아니라 정치와 권력자의 노예가 되지 않기 위해서, 우리는 언제나 두 눈을 부릅뜨고 계보학의 시선으로 비판해야 하는 것이다. 진리를 표방하는 그 어떠한 이데올로기에도 속지 말자는 것, 나는 이것이야말로 니체의 사상이 우리에게 주는 최대의 교훈이자 불멸의 조언이 아닐까 생각한다.

그런 점에서 니체의 모범적인 후계자 중 한 명이 바로 현대 철학자 미셸 푸코^{M. Foucault}다. 푸코는『지식의 고고학』에서 이른바 지식·진리라고 불리는 것이 일의적·단선적인 것이 아니라, 마치 고고학이 탐구하는 것과 같은 불연속과 단절의 지층 구조를 형성하고 있는 것임을 보여 주었다. 여기서 한 걸음 더 나아가 푸코는 '지식의 계보학'을 통해 이러한 불연속

한국 정치의 적대적 공생관계를 적나라하게 보여 준다. 좌·우든 여·야든 서로 내세우는 주장만 다르지, 국민을 선동하고 이용한다는 점에서는 전혀 차별화되지 않은 것이다. 그래서 이른바 정치·경제·사회·문화 권력을 향유하는 '엘리트(elite)'는 진리·이념으로 날조한 환상·거짓을 팔아 먹고사는 한낱 '이리 떼'에 지나지 않는다. 나는 여기서 '이리 떼'라는 표현을 정확히 니체가 비판했던 흡혈귀·기생충의 의미로 사용하는 중이다.

과 단절이 그저 우연히 일어나는 역사적 과정이 아니라 권력과 의지가 개입하고 있는 것임을 주장한다. 지식과 진리는 마치 투명하고 순수하여 영원히 변하지 않을 것만 같은 착각을 불러일으키지만, 실상 그것이 생산되고 확산되고 재생산되는 역사적 과정을 고찰하면 철저하게 정치·경제·사회·문화 권력의 이해관계가 반영되어 있다는 것이다. 무엇인가가 진리(참)이기 때문에 주장되는 것이 아니라, 그것이 주장되어야 할 필요가 있어서 진리(참)로 만들어졌다. 따라서 우리는 그것을 만든 자가 누구이며, 어떠한 목적에서 그것을 참이라고 주장하는가를 철저하게 '역사화하여' 비판적으로 따져 보아야 한다. 이것이 바로 니체의 계보학을 철저하게 계승한 푸코의 사회·정치철학이 제시하는 저항과 해방의 무기다.

4. 역사화와 관점주의의 한계: 절대적 진리에 대한 부정

하지만 정말로 모든 것은 역사의 산물이며, 플라톤과 칸트가 말하는 '그 자체로 옳은 것', '순수한 것', '영원한 것', '절대적인 것'은, 니체가 말하는 것처럼 존재하지 않는 허구에 불과할까? 니체의 계보학은 기성의 진리에 비판을 제기할 수 있도록 틈새를 창출하고, 삶을 억압하는 구조적 질서에 균열을 가할 수 있는 강력한 무기를 제공한다는 점에서 의의가 있다. 하지만 다른 한편으로 보면, 존재하는 모든 것을 '역사화'하고 '상대화'함으로써 정작 옳은 것이 무엇인지 알 수 없게 만드는 이론적 난점과 실천적 부작용도 있다.

"절대적 진리가 없다고 말하는 너는, 정작 그러한 너의 말을 통해 절대적 진리를 주장하는 것 아닌가?" 이러한 물음은 상대주의·회의주의에 제기할 수 있는 대표적인 반론이다. 우리는 이러한 물음을 니체에게도 던질 수 있다. "모든 것이 입장에 따라 해석이 달라지는 것에 불과하고, 진리란 결국 서로 다른 관점이 맞붙는 힘의 투쟁에서 승리해 얻은 결과일 뿐이라면, 정작 니체 당신의 주장이 진리임을 보증하는 근거는 어디에 있는가? 당신이 이제까지 말해 왔던 것 또한 인간과 삶과 세계에 대한 하나의 해석에 불과한 것 아닌가?"

니체는 인간 존재의 본질이 힘을 향한 의지를 발휘함으로써 성장·발전하기를 추구하는 생명력에 있다고 보았다. 그리고 종교와 도덕을 가리켜 이러한 생명력을 갉아먹고 억압하는 원흉으로 간주하고, 신랄한 비판을 통해 건강한 생명력의 회복을 촉구하였다. 그러나 내가 2장 1절에서 조건을 달아 언급한 것처럼, 니힐리즘으로 인해 데카당스가 초래되었다는 —또는 데카당스의 원인이 니힐리즘이라는— 전제에 동의하지 않는다면, 그 이후 니체의 모든 논의는 아무런 의미를 지니지 못하게 된다. 다시 말해, "종교와 도덕이 인간을 병들게 하는가?"는 니체가 생각하듯 답이 자명하게 정해져 있는 물음이 전혀 아니다. 니체와 비슷한 성향의 사람은 그렇다고 답할 수도 있겠지만, 직관과 상식에 비추어 볼 때 세상에는 그렇게 대답하지 않는 사람이 훨씬 많은 것이다.

대표적으로 도덕을 인간 존재의 본질로 생각한 칸트가 그렇다. 비록 입문을 위한 목적에서였다고는 하지만, 앞서 2장 12절에서 칸트에 대한 니체의 비판을 해설하는 나의 어조가 너무 신랄했던 것은 아닌가 저어되고, 정작 해석을 시도한 나 자신조차 동의할 수 없는 내용이 많았음을 이제서야 고백한다. 나는 현상학자로서 칸트주의자를 자임할 생각이 추호도 없고, 따라서 칸트를 방어해야 할 의무와 사명을 짊어지고 있는 것도 아니다. 다만, 학업과 수련의 과정에서 칸트로부터 많은 것을 배웠고, 또 서양철학사로 시야를 넓히더라도 탁월한 업적을 남긴 칸트를, 니체가 일언지하에 폄훼하고 모욕과 조롱을 가하는 데에 부아가 치미는 심정은 참기 어렵다.

칸트에 따르면 인간은 자연적 존재 그 이상이다. 다시 말하면 인간은 어떤 점에서는 동물과 함께 자연에 속하지만, 그럼에도 옳음·선함이 무엇인지 알 수 있고 또 그것을 행위로 옮겨 실천할 수 있는 존재라는 점에서, 다른 동물과 근본적으로 차별화되는 인격적 존재다. 인격적 존재는 그저 생물학이 분류하는 인간 종(種)으로 태어났다는 사실로만 성립하는 것이 아니다. 왜냐하면 이 세상에는, 겉으로는 인간의 탈을 쓰고 있지만 속으로는 인간으로 볼 수 없는 '짐승 같은 사람'이 있고, '짐승보다 못한 사람'이나 심지어 그보다도 못한 '괴물'도 존재하기 때문이다. 대표적으로 강도·성범죄·살인 등을 저지르는 흉악범죄자와 사이코패스가 여기에 해당한다.

니체의 입장에서 타인에게 피해를 주는 이들을 비판할 수 있을지 생각해 보면, 실상 선뜻 그렇다고 답하기 어려운 측면이 있다. 왜냐하면 니체가 그토록 강조하는 힘이 대체로 현실에서는 약자에 대한 강자의 폭력이라는 양상으로 나타나

기 때문이다. 기본적인 예의범절은 고사하고 인간 존중이라
는 근본적 가치가 훼손되고 있는 개탄스러운 현실에서, 니체
처럼 도덕에 대한 강박에 시달려 생명력이 고갈되는 것이 문
제라고 느끼는 사람이 도대체 몇이나 될까? 단적으로 "오늘날
인류의 삶은 도덕의 과잉이 문제인가, 아니면 도덕의 결여가
문제인가?" 니체가 대대로 독실한 그리스도교 목사 집안에서
태어나 어려서부터 하도 설교를 많이 들은 나머지, 그에 대한
반항심과 종교에 대한 거부감을 키워 사상으로까지 발전시킨
것이라면 참작해 볼 여지는 있다. 하지만 성장 과정에서의 불
우한 개인사를 가지고 침소봉대해서 반도덕·반종교의 철학
으로 병든 인류와 문명을 구원하겠다는 것은 허황된 망상이
라는 생각도 든다.

어떤 점에서 나는 힘을 생명의 본질로 규정하는 니체야말
로 오히려 칸트보다 더 관념적·추상적이라는 생각도 해 본
다. 왜냐하면 인간이 살아가는 구체적인 현실은 이미 타인과
상호인격적 관계를 맺고 살아가는 도덕적 세계 —칸트의 표
현으로 말하면 "목적의 왕국"— 이지, 생명의 본능과 자연적
욕구에 충실해서 살아가는 '동물의 왕국'이 아니기 때문이다.

모 방송국의 프로그램 제목이기도 한 '동물의 왕국'이라는 말에서 어떤 이는 초원의 목가적 평화과 드넓은 대자연의 신비로움을 떠올릴 수도 있겠지만, 부정적 의미로 쓰일 때 그것은 적자생존과 약육강식이 지배하는 '비인간적·비도덕적' 세계를 지칭하기도 하는 것이다.

이른바 '몬도가네Mondo Cane'라고 불리는 '야만野蠻'에는 법이란 것이 존재하지 않는다. 아니, 힘이 곧 유일한 정의고 법이다. 그러나 이러한 곳이 인간이 인간답게 살 만한 세상이 아니라는 것을 우리는 역사의 발전 과정을 통해 알고 있다. 민주주의는 자유와 평등을 인간의 기본권으로 천명하였다. 인간은 정당하지 않은 권력에 의해 자의적인 지배하에 놓이지 않을 수 있는 자유의 권리를 가지며, 또한 인간은 성별·출신·직업·나이·피부색 등의 차이에도 불구하고 인격적 존재로서 모두 평등한 권리를 지닌다. 이것이 바로 모든 인간이 존중받아야 마땅한 존엄성의 근거다. 칸트가 "인간을 언제나 목적으로 대해야 하며, 절대로 수단으로 대해서는 안 된다"고 말한 것은 바로 이러한 이유에서다.

따라서 절대적 범죄를 저지르는 자는 도덕적 세계의 구성원으로서 타인으로부터 존중받을 수 있는 자격을 스스로 박탈한 것으로 보아야만 한다. 욕구 충족과 이해타산이라는 자연적 경향성을 초월하여 도덕을 추구할 수 있는 능력은 오직 인간에게만 유일하다. 그런 점에서 도덕법칙을 기꺼이 의무로 받아들이고 자율적으로 실천하는 인간이야말로 온 우주에서 가장 존엄한 존재의 지위를 갖는다.

이처럼 절대적 도덕법칙을 추구하는 것은, 니체가 데카당스라는 진단을 통해 비판하듯 인간이 무기력한 존재, 도덕의 노예로 전락해서가 아니다. 오히려 자연적 경향성에 굴복하지 않고, 타인에게 피해를 주는 이익의 추구를 자제하고 사적인 욕구의 충족이라는 유혹으로부터 벗어날 수 있는 '도덕적 역량'이 있어서다. 다시 말해 인간이 도덕을 실천하는 것은 아무나 쉽게 할 수 있는 것이 아니며, 자연적 존재에서 인격적 존재로, 더 나아가 상호인격적 존재로 거듭날 수 있는 일종의 '존재론적 역량'을 갖추고 있을 때에만 할 수 있는 위대한 일이다. 그런 관점에서 보면 니체가 도덕을 추구하는 인간을, 자연적 본능을 억누르고 애써 욕구를 외면하는 무기력하고 가련한 데카당스로 규정한 것은 다분히 악의적이라고 볼 수밖에 없다. 왜냐하면 말이 좋아서 자연이고 생명이고 힘이지, 결국 니체는 인간이 동물과 다름없는 자연적 존재로 살아갈 것을 요구하고 있다는 혐의로부터 자유롭지 않기 때문이다.[34]

그런 점에서 나는 니체의 위버멘쉬를 맹자의 '대장부^{大丈夫}'로 해석하고 싶기도 하다. 물론 맹자는 유학자로서 자신이 제시하는 이상적 인간상인 '대장부'에 도덕을 내면화한 '호연지

---

34 물론 자연에 따르는 삶이 꼭 반사회적·반인륜적 범죄 행위로 연결될 필요는 없을지도 모르겠다. 사람을 억압하는 도덕적 가치 질서와 위선적이기까지 한 인위적 제도문물에서 해방되어 진정으로 자유로운 삶을 동경한다는 점에서 보면, 노자의 '무위자연(無爲自然)'이나 장자의 '만물제동(萬物齊同)'이 니체의 반도덕주의와 어울린다는 생각이 들기도 한다. 특히 나는 앞의 3장 7절에서 '인간 정신 발달의 3단계' 중 '아이'를 언급하며, 니체의 위버멘쉬를 장자가 이상적 인간상으로 삼는 '신인(神人)'에 비유하기도 했다. 하지만 나로서는, 시비·선악·미추·귀천이라는 문명사회의 제약과 도덕 규범의 구속을 초월하여 대자연 속에서 '무애(無碍)'하게 노닐기를 추구하는 노장(老莊)의 이상이 오히려 관념적이고 추상적으로 느껴질 때가 있다. 즉 이러한 삶이야말로 오히려 니체가 비판해 마지않는 현실도피는 아닌가 하는 의문이 강하게 들기도 하는 것이다. 죽림칠현(竹林七賢)이 초야에 은거하는 삶을 살았던 것은, 그들이 자발적으로 선택한 것이라고는 해도 실상 현실 정치에서 소외되고 제도권에서 낙오되었던 탓이 크다. 그렇게 보면, 니체야말로 오히려 자신이 비판하는 논리에 따라 현실을 도피하여, '자연'이니 '생명'이니 '힘'이니 하는, 낭만적이지만 막연하고 추상적인 관념으로 숨어 버렸던 것은 아닐까? 즉 나는 여기서 이른바 정신승리를 하고 있는 것이 그리스도교와 칸트가 아니라, 정작 사회 부적응자로서 정신병원에서 외롭게 생을 마감했던 니체 자신은 아닌가 하는 혐의를 제기하고 싶은 것이다.

276

기浩然之氣'의 당당함을 강조하고 있기에, 도덕주의라는 프레임에 문제를 제기하는 니체의 위버멘쉬를 견주는 것이 다소 껄끄럽기는 하다. 하지만 교조화된 도덕주의까지 수용하는 것은 아니라 하더라도, 엄연히 상호인격적 세계 및 도덕적 가치 질서에서 벗어나지 않은 채 삶의 터전에 굳건히 뿌리를 내리고 의지와 힘을 내어 살아가는 존재, 우리는 그러한 모습을 『맹자』「고자告子」편에서 발견할 수 있다.

"하늘이 장차 사람에게 큰 임무를 내리려 하면(天將降
大任於是人也), 반드시 먼저 마음과 뜻을 괴롭게 하고(必先
苦其心志), 근육과 뼈를 수고롭게 하며(勞其筋骨), 몸과 피부
를 굶주리게 하고(餓其體膚), 몸을 궁핍하게 하여(空乏其身),
하는 일마다 어긋나고 어렵게 하니(行拂亂其所爲), 마음을
움직이고 성질을 참게 함으로써(所以動心忍性), 할 수 없었
던 능력을 길러 더욱 성장하도록 하기 위함이다(曾益其所
不能)."

5. 그래서, 그대는 어떻게 살 것인가?

요즈음 "헬조선"이라는 말이 유행이라고 한다. 지옥을 뜻하는 '헬hell'과 한국을 의미하는 '조선朝鮮'을 결합한 신조어로, 결국 대중은 이것을 통해 "사는 게 지옥처럼 힘들다"는 말을 하고 싶은 것이다. '수저계급론'이 상징적으로 보여 주듯 성장의 과실이 고르게 분배되지 않아 '부익부 빈익빈'의 양극화가 심화되고, 저성장이 고착화됨에 따라 계층 이동의 사다리가 끊어져 절망과 분노를 느끼다 못해 낙담과 실의에 빠져 자조하며 하는 말이 바로 헬조선이다. 특히 "역사상 처음으로 부모 세대보다 못사는 세대"라고 불리는 청년·MZ 세대의 고충은 더하면 더했지 결코 덜하지 않을 것이다. 이러한 상황에서 택할 수 있는 삶의 태도는 어떠한 것이 있을까?

1) 정의의 탈을 쓴 분노에 주의하라

첫째, 사회의 구조적 모순을 비판하고 개혁에 앞장서는 것이다. 나는 앞의 3절에서 니체의 계보학적 비판의 활용을 언급하면서, 당연하고 자명한 것 그리고 공고한 진리처럼 되어 있는 기성의 모든 가치에 의문을 제기할 것을 권한 바 있다. 그런 점에서 사회 개혁을 위한 운동에 참여하는 것은 의미 있는 일이라고 생각한다. 썩은 것은 도려내야 하고, 낡은 것은 갈아야 하며, 맞지 않는 것은 부수고 새로 지어야 한다.

그럼에도 유의해야 할 점을 당부하고 싶다. 그것은 바로 개혁의 동력이 '정의의 탈을 쓴 분노'가 되어서는 안 된다는 것이다. 다시 말해 몸담고 있는 구체적인 삶의 현장에 굳건히 뿌리를 내리고, 자신의 성장은 물론 더 나은 공동체적 삶의 발전을 위해 한 걸음씩 전진하는 건강한 혁신의 운동이 되어야지, 유토피아를 지향하는 거대 담론인 형이상학에 매몰되어 불만족스러운 처지에 대한 분노를 급진적 혁명 이데올로기의 불쏘시개로 삼는 일은 주의해야만 한다. 사회 정의에 대한 문제의식을 갖고 정치적 해결로서의 개혁을 모색하는 것은 바람직한 일이나, 그러한 주장과 요구의 진정성이 어디에 있는지 자신의 마음자리를 잘 살펴야 한다는 얘기다. 왜냐하면 실망스럽게도, 역사는 안 좋은 방향으로 반복되기도 하기 때문이다.

앞서 3장 10절에서 러시아 혁명 이후 소련의 '노멘클라투라'나 중국의 공산 혁명 이후 '태자당'이니 '홍이대'니 하는 이른바 '공산 귀족'을 비판하며 언급했지만, 실상 혁명에 성공하고 자신이 권력을 잡고 나면 특권을 누리려는 보상 심리가 작동한다. 분노를 머금고 자란 정의는 결국 또 다른 기득권을 낳을 뿐이다. 이것이 정말로 위험한 것은, 일단 자신이 권력을 얻게 되면 정작 자신만이 정의롭다고 착각하는, 자기기만에 사로잡힌 '괴물'로 변하기 때문이다. 한국 사회에서 소위 80년대 '민주화 세대'에게 제기되는 대표적인 비판이 바로 "괴물을 잡기 위해서는 괴물이 되어야만 한다"는 식의 '내로남불'이다.

분열된 이탈리아를 통일한 영웅 가리발디^{G. Garibaldi}는 아무런 정치권력도 탐하지 않고, 심지어 통일 과정에서의 공로도 내세우지 않은 채 평범한 일상으로 돌아가 시민의 한 사람으로 살다가 죽었다. 정치보다 삶이 더 소중했기 때문이다. 왜 한국에는 이러한 인물이 없는가? 피해를 입으면 보상을 요구하고, 공을 세우면 지분을 요구한다. 피자를 조각으로 나눠 먹듯 논공행상에서 남 보란 듯이 한자리씩 꿰차고 나면, 완장을 찬 어깨에 힘이 들어가고 콧대를 높이면서, 자신이 과거에 비판했던 자들보다 더 이익을 탐하고 권력을 누리기에 여념이 없다. 그러면서도 형이상학적 도덕주의와 선·악 이분법에 기대어 자신과 입장이 다른 상대편을 악마화하면서, 자신만큼은 언제나 정의롭다고 굳게 믿는다.[35] 구체적인 현실, 삶의 현장을 소박하면서도 의젓하게 살아가는 평범한 국민의 입장에서 보면, "이놈이나 저놈이나 거기서 거기" 똑같이 악질인 흡혈귀·기생충인데도 말이다.

2) 치유로 위장한 체념과 무기력을 경계하라

둘째, 이른바 힐링과 소확행이다. 한국 사회에서 치유를 뜻하는 '힐링healing' 열풍이 불었던 것은 그만큼 많은 사람이

---

35 모든 정치 이데올로기를 추동하는 근본 동기는 "내가 억울하게 피해를 보았다, 부당하게 당했다"는 '피해의식'과 '분노'다. 이러한 관념은 '순교'라는 이념으로 발전된다. 진리와 대의를 위해서 기꺼이 자신을 희생한다는 것이다. 하지만 니체의 말마따나, "내가 당했다, 피해를 입었다, 희생을 치렀다"는 사실이 어찌 그 자체로 옳음과 선과 정의의 증거가 된다는 말인가?

정신적 상처와 신체적 고통에 시달리고 있음을 방증한다. 그래서 번잡한 세상의 모든 것을 내려놓고 자연에서 휴식을 취하면서 마음을 보살피고 에너지를 충전하고 싶은 것이다. 작은 것에서 확실한 행복을 추구한다고 하는 '소확행小確幸' 역시 이와 마찬가지다. 이미 사회적 계층 이동의 가능성이 좁아질 대로 좁아진 무한경쟁의 상황에서, 거창한 성공을 바라며 경쟁에 목을 매고 실패에 상처받고 좌절하기보다는, 차라리 일상에서 확실한 행복을 느낄 수 있는 작은 것에 만족하자는 것이 바로 소확행이다.

나는 현대 사회에 힐링과 소확행이 반드시 필요하다고 생각한다. 하지만 여기에서도 니체가 주는 교훈을 염두에 둘 필요가 있다. 무엇보다 힐링과 소확행은 "이보 전진을 위한 일보 후퇴", 즉 다시 앞으로 나아갈 힘을 비축하기 위한 방편이 되어야지, 당면한 문제로부터 도피하는 구실이거나 자신의 한계를 스스로 제약하기 위한 변명이 되어서는 안 된다. 그러니까 현실을 도외시하는 수단으로 힐링이 악용되거나, 무언가를 성취하거나 발전할 가능성이 없다고 믿으면서, 그럴 바에야 분수에 맞게 꿈을 소박하게 갖자는 식으로 소확행을 오용해서는 안 된다는 것이다.

흔히 다른 사람을 거짓으로 속이는 일을 기만이라고 부른다. 그리고 보통 남을 속일 때, 속는 사람은 그것을 참이라 믿고 속아 넘어가지만, 속이는 사람은 자신이 말하는 것이 거짓임을 잘 알고 있다. 그런 점에서 가장 완벽한 기만은 자기기만이다. 즉 나 자신을 속인다는 것조차 알아채지 못할 만큼 무엇인가를 굳게 확신하는 것이야말로 가장 감쪽같은 거짓말인 셈이다. 그런데 우리는 살아가면서 이런 거짓말에 매우 능숙하다. 받아들일 수 없는 현실로부터 도망치거나 또는 괴로운 삶으로부터 눈을 돌려 애써 외면하고 싶을 때, 엄연히 주어져 있는 진실을 직시하기보다는 차라리 자신이 믿고 싶은 것을 믿는 쪽으로 선택하는 것이다.

이렇게 힐링과 소확행에는 자기기만의 가능성이 존재한다는 점에서 주의해야만 한다. 자칫 힐링과 소확행이 권태와 안주와 체념을 정당화하는 정신승리의 술책으로 활용된다면, 이것이야말로 니체가 경종을 울릴 만한 지점이 아닐 수 없다. 힐링은 말 그대로 재충전으로서 의미가 있는 것이지 무기력한 권태와 현실도피의 안주를 위한 그럴싸한 구실이 되어서는 안 될 것이다. 소확행 또한 작은 것에서도 소중함을 깨닫는 삶의 감성을 계발하기 위한 것이어야지, 실패와 좌절이 두려워서 상처받지 않기 위해 현상 유지를 최선으로 삼아 자신의 한계를 스스로 정하는 자기합리화의 구실이 되어서는 안될 것이다.

그런 점에서 우리는 『논어』「옹야雍也」편의 다음 구절을 곱씹어 새겨볼 필요가 있다. 물론 앞에서 맹자의 '대장부'를 해석할 때처럼, 유교의 도덕주의적 색채는 최대한 덜어 내고 니체가 강조하는 '힘'을 대입해서 말이다.

염구가 말했다. "선생님의 가르침을 기뻐하지 않는 것은 아닙니다만, 저의 힘이 부족합니다(冉求曰, 非不說子之道, 力不足也). 그래서 따르기가 어렵습니다."

공자께서 말씀하셨다. "힘이 부족한 사람은 무언가를 해 보다가 중도에 그만둔다. 그런데 지금 너는 해 보지도 않고서 미리 스스로 한계를 긋고 있구나(子曰, 力不足者, 中道而廢, 今女畫)."

3) 성장과 창조를 위한 고통은 기꺼이 즐겨라

세계적인 팝 스타 켈리 클락슨Kelly Clarkson의 대표곡 중에 〈Stronger〉라는 노래가 있다. 이 곡의 가사 중 "What doesn't kill me makes me stronger"라는 구절이 있는데, 이것은 사실 니체가 『우상의 황혼』 「잠언과 화살」 8절에서 말하는 "나를 죽이지 못하는 것은 나를 더욱 강하게 만든다"는 문장을 그대로 인용한 것이다. 여기서 니체는 인간의 삶을, 장차 장교가 될 생도를 교육하고 훈련시키는 사관학교에 비유한다.

싯다르타가 "인생은 고품"라고 말한 것처럼, 삶이란 과거보다 좀 더 나은 존재, 현재보다 좀 더 높은 존재, 미래를 살아갈 좀 더 큰 존재가 되기 위한 끝없는 성장통의 과정이다. 그런 점에서 우리는 인생이 꽃길이라는 망상에서 벗어나, 언제나 정직하게 현실을 직시하고 당당하게 문제에 맞서야 한다. 장애와 난관이 삶의 기본조건임을 명심하고, 실패와 좌절에서도 배울 것이 있다고 믿으며 "인생은 고go!"라고 외치는 자세가 필요하다.

4) 이리저리 재지 말고 더 빨리 행동에 옮겨라

중국 온라인 상거래의 황제로 불리는 알리바바Alibaba의 창업주 마윈馬雲은 언젠가 이렇게 말했다.

"세상에서 같이 일하기 힘든 사람은 가난한 사람이다. 자유를 주면 함정이라고 하고, 작은 비즈니스를 얘기하면 돈을 못 번다고 하고, 큰 비즈니스를 얘기하면 돈이 없다고 하고, 새로운 것을 시도하자고 하면 경험이 없다고 하고, 정통적인 비즈니스라고 하면 어렵다고 하고, 새로운 사업을 시작하자고 하면 전문가가 없다고 한다. 그들에게는 공통점이 있다. 구글이나 포털사이트에 물어보길 좋아하고 희망이 없는 친구에게 의견 듣는 것을 좋아하며, 자신들은 대학교수보다 더 많은 생각을 하지만 장님보다 적은 일을 한다. 내 결론은 이렇다. 당신의 심장이 뛰는 것보다 행동을 더 빨리하고, 그것에 대해 생각을 해 보는 대신 무언가를 그냥 하라. 가난한 사람들은 공통적인 한 가지 행동 때문에 실패한다. 그들의 인생은 기다리다가 끝이 난다. 그렇다면 현재 자신에게 물어보라. 당신은 가난한 사람인가?"

인터넷쇼핑 제국을 일구어 엄청난 부를 쌓았다고 한들, 자신도 한때 박봉의 영어학원 강사였던 마윈이 여기서 말하는 '가난한' 사람이 문자 그대로 '돈 없는' 사람일 리는 없다. 그가 꼬집어 비판하는 가난한 사람은 '마음이 가난한' 사람이다. 마음이 가난하다는 것은, 정작 자신의 삶에 만족하지 못하면서도, 현상을 타파하려는 의지를 발휘하는 데에 주저하고 도전을 위한 용기를 머뭇거리며 유예하는 것을 말한다. 이런저런 온갖 핑계를 대며 아무 일도 일어나지 않는 현상 유지를 위안으로 삼아 마지못해 살아가는 무기력한 데카당스를 가리키는 것이다. 그래서 마윈의 눈으로 보면, 그리스도교의 설교처럼 "마음이 가난한 사람에게 복이 있는 것"이 아니다. 니체가 말하는 것처럼 "마음이 가난한 사람에게는 모든 것이 현실도피를 위한 구실일 뿐"이기 때문이다.

5) 된다고 생각하면 방법이 보이고, 안 된다고 생각하면 변명만 보인다

그런데 우상혁·이치로·정주영·마윈과 같이 대단한 업적을 남겨 이름이 난 인물들을 위버멘쉬의 전형으로 간주하는 것도, 어쩌면 니체가 말하고자 하는 본의는 아니었을 것이라는 생각이 든다. 그런 점에서 내가 즐겨 보는 TV 프로그램 〈생활의 달인〉을 언급하고 싶다. 이 프로그램에 출연하는 분들은 대체로 세상에 이름이 알려지지 않은, 그저 우리 주위에서 흔히 볼 수 있는 평범한 시민들이다. 하지만 나는 이분들이 살아가는 모습을 보면서 경탄과 존경을 금치 못할 때가 많다.

이러나저러나 결국은 한 끼를 때우기 위한 빵일 뿐인데, 새벽잠을 설치며 일어나 자신만의 비법으로 반죽을 빚고 정성을 다해 숙성시켜 세계 최고의 빵을 만드는 제빵 장인, 한 손으로 주먹을 쥐듯 펴는 동작으로 손톱자국·흠집 하나 내지 않고 삶은 계란에서 껍질만 깨끗이 벗겨 내는 조리사 등, 이런 분들이야말로 진정한 고수라고 생각한다. 말장난 같지만 "생활生活의 달인達人"이란 무엇인가? 삶의 현장에 굳건히 뿌리를 내린 채, 매 순간 자신의 한계를 극복하며 살아가는 '위버멘쉬' 아닌가? 강호에는 이름이 알려지지 않은 초절정 고수, 우리가 이름조차 모르는 초인이 도처에 즐비한 것이다. 오죽하면 〈슈퍼맨이 돌아왔다〉는 제목의 TV 프로그램이 있겠는가? 밖에서 힘들게 일하고 집에 와서도 살림과 육아에 쉴 틈조차 없지만, 그럼에도 희망을 잃지 않고 굳건히 일상을 살아 내는 시민 모두가 영웅이고 위버멘쉬가 될 자격이 있다.

이분들을 생각하며 감히 나는 다음과 같이 말해 본다. "된다고 생각하면 방법이 보이고, 안 된다고 생각하면 변명만 보인다." '방법method'이란 목적지에 이르는 길, 목적에 도달하기 위해 '따라야meta 하는 길hodos'이다. 실패와 좌절에도 불구하고 삶의 의미와 소중함을 잃지 않고 뜻하는 바를 향해 굳건히 나아가는 사람에게는 방법이 보이고 길이 열릴 것이다. '변명excuse'이란 '빠져나갈ex 이유cause'다. 장애와 난관을 정면으로 돌파하기보다 이런저런 구실을 대며 도피하거나 외면하면서 가치 전도를 통해 대리만족하는 것으로 정신승리하는 사람은, '타임루프'에 갇힌 '낙타'처럼 해결하지 못한 문제를 영원히 짊어지고 '도돌이표'처럼 살아가야 할 운명이다.

6) 꿈의 크기와 땀의 무게만큼, 승리는 언제나 내 것임을 믿어라

글로벌 스포츠웨어 브랜드 나이키Nike는 그리스·로마 신화에 등장하는 '승리의 여신' 니케의 이름을 딴 것이다. 한때 나이키의 모토가 "Just Do It"이었던 적이 있다. 이를 인용하여 나는 이 책을 읽는 모든 독자에게 다음과 같이 말하고 싶다. 과거의 잘못을 후회하지도, 미래의 실패를 걱정하지도 말고, 무엇이든 하고 싶은 것을 지금 여기서 그냥 하라! 그러면 당신이 그리는 꿈의 크기만큼, 그리고 흘리는 땀의 무게만큼, 언젠가 바라는 곳에 도달할 것이다. 아니, 설령 원하는 것을 성취하지 못한다고 하더라도, 이미 그대는 삶의 승자다!

독자 중에는 여기까지 읽고 나서 니체로부터 어떤 깨달음을 얻은 사람도 있을 것이고, 오히려 니체에 반감을 가지게 된 사람도 없지 않을 것이다. 나는 『안티크리스트』의 해설자로서 한계와 의의를 균형 있게 조명하려 했지만, 아무래도 니체 사상을 소개하는 취지에서 그로부터 배울 만한 무언가를 상대적으로 더 강조하지 않을 수 없었다. 어떤 시詩에서 다음과 같은 구절을 인상 깊게 읽은 적이 있다.

> "잠든 사람은 깨울 수 있어도, 잠든 척하는 사람은 깨울 방책이 없나니, 듣지 못하는 이는 깨닫게 할 수 있어도, 들으려 하지 않으면 어쩔 도리가 없는가."[36]

이제까지 나의 해설을 듣고도 여전히 '깊은 잠'에 빠져 있다면, 그것은 독자의 영혼을 더 흔들어 깨우지 못한 나의 부족한 필력 때문일 것이다. 그러나 니체의 『안티크리스트』를 읽고 정신이 번쩍 들어 눈을 떴음에도 계속해서 '잠든 척'을 하려는 사람은 끝내 자신을 속이기로 작정한 것이다. 문제를 외면하거나 현실에서 도피하지 말고, 있는 그대로의 삶을 직시하고 사랑하며 용기를 내어 당당히 살아가자는 것, 이상이 내가 읽고 이해한 『안티크리스트』, 아니 어쩌면 상당히 오해했을 수도 있는 니체 사상의 전부다.

---

36 유안진, 「귀여, 차라리 깊이 잠들어라」 中에서

더 읽어 볼 만한 글

강대석, 『니체의 고독』, 중원문화, 2014.

_____, 『망치를 든 철학자 니체 vs. 불꽃을 품은 철학자 포이어바흐』, 들녘, 2016.

강용수, 『니체의 《도덕의 계보》 읽기』, 세창출판사, 2016.

_____, 『니체 작품의 재구성』, 세창출판사, 2021.

고병권, 『니체의 위험한 책, 차라투스트라는 이렇게 말했다』, 그린비, 2003.

_____, 『언더그라운드 니체』, 천년의상상, 2014.

_____, 『다이너마이트 니체』, 천년의상상, 2016.

김선희, 『쇼펜하우어 & 니체: 철학자가 눈물 흘릴 때』, 김영사, 2011.

김정현, 『니체, 생명과 치유의 철학』, 책세상, 2006.

니체, 프리드리히, 『안티크리스트』, 박찬국 옮김, 아카넷, 2013.

_____, 『선악의 저편』, 박찬국 옮김, 아카넷, 2018.

_____, 『도덕의 계보』, 박찬국 옮김, 아카넷, 2021.

박찬국,『니체와 불교』, 씨아이알, 2013.

_____,『초인수업』, 21세기북스, 2014.

_____,『그대 자신이 되어라』, 부북스, 2016.

_____,『니체와 하이데거』, 그린비, 2016.

_____,『사는 게 힘드냐고 니체가 물었다』, 21세기북스, 2018.

_____,『차라투스트라, 그에게 삶의 의미를 묻다』, 세창출판사, 2020.

_____,『내 삶에 예술을 들일 때』, 21세기북스, 2023.

백승영,『니체, 디오니소스적 긍정의 철학』, 책세상, 2006.

_____,『니체, 철학적 정치를 말하다』, 책세상, 2018.

_____,『니체는 이렇게 말했다』, 세창출판사, 2022.

양승권,『니체와 장자는 이렇게 말했다』, 페이퍼로드, 2020.

이동용,『춤추는 도덕』, 이담북스, 2017.

_____,『사람이 아름답다』, 이담북스, 2017.

_____,『디오니소스의 귀환』, 이담북스, 2018.

_____,『스스로 신이 되어라』, 이담북스, 2018.

_____,『신을 탄핵한 철학자 니체와 안티크리스트』, 휴먼컬쳐아리
랑, 2022.

이진우,『니체의 인생 강의』, 휴머니스트, 2015.

_____,『니체』, 아르테, 2018.

_____,『권력에의 의지』, 휴머니스트, 2023.

칸트, 임마누엘,『순수이성비판』, 백종현 옮김, 아카넷, 2006.

_____,『윤리형이상학 정초』, 백종현 옮김, 아카넷, 2018.

한상연,『그림으로 보는 니체』, 세창출판사, 2020.

홀링데일, 레지날드 J.,『니체, 그의 삶과 철학』, 김기복·이원진 옮김,
      북캠퍼스, 2017.

[세창명저산책]

001 들뢰즈의 『니체와 철학』 읽기 · 박찬국

002 칸트의 『판단력비판』 읽기 · 김광명

003 칸트의 『순수이성비판』 읽기 · 서정욱

004 에리히 프롬의 『소유냐 존재냐』 읽기 · 박찬국

005 랑시에르의 『무지한 스승』 읽기 · 주형일

006 『한비자』 읽기 · 황준연

007 칼 바르트의 『교회 교의학』 읽기 · 최종호

008 『논어』 읽기 · 박삼수

009 이오네스코의 『대머리 여가수』 읽기 · 김찬자

010 『만엽집』 읽기 · 강용자

011 미셸 푸코의 『안전, 영토, 인구』 읽기 · 강미라

012 애덤 스미스의 『국부론』 읽기 · 이근식

013 하이데거의 『존재와 시간』 읽기 · 박찬국

014 정약용의 『목민심서』 읽기 · 김봉남

015 이율곡의 『격몽요결』 읽기 · 이동인

016 『맹자』 읽기 · 김세환

017 쇼펜하우어의
『의지와 표상으로서의 세계』 읽기 · 김 진

018 『묵자』 읽기 · 박문현

019 토마스 아퀴나스의 『신학대전』 읽기 · 양명수

020 하이데거의
『형이상학이란 무엇인가』 읽기 · 김종엽

021 원효의 『금강삼매경론』 읽기 · 박태원

022 칸트의 『도덕형이상학 정초』 읽기 · 박찬구

023 왕양명의 『전습록』 읽기 · 김세정

024 『금강경』 · 『반야심경』 읽기 · 최기표

025 아우구스티누스의 『고백록』 읽기 · 문시영

026 네그리 · 하트의
『제국』 · 『다중』 · 『공통체』 읽기 · 윤수종

027 루쉰의 『아큐정전』 읽기 · 고점복

028 칼 포퍼의
『열린사회와 그 적들』 읽기 · 이한구

029 헤르만 헤세의 『유리알 유희』 읽기 · 김선형

030 칼 융의 『심리학과 종교』 읽기 · 김성민

031 존 롤스의 『정의론』 읽기 · 홍성우

032 아우구스티누스의
『삼위일체론』 읽기 · 문시영

033 『베다』 읽기 · 이정호

034 제임스 조이스의
『젊은 예술가의 초상』 읽기 · 박윤기

035 사르트르의 『구토』 읽기 · 장근상

036 자크 라캉의 『세미나』 읽기 · 강응섭

037 칼 야스퍼스의
『위대한 철학자들』 읽기 · 정영도

038 바움가르텐의 『미학』 읽기 · 박민수

039 마르쿠제의 『일차원적 인간』 읽기 · 임채광

040 메를로-퐁티의 『지각현상학』 읽기 · 류의근

041 루소의 『에밀』 읽기 · 이기범

042 하버마스의
『공론장의 구조변동』 읽기 · 하상복

043 미셸 푸코의 『지식의 고고학』 읽기 · 허 경

044 칼 야스퍼스의 『니체와 기독교』 읽기 · 정영도

045 니체의 『도덕의 계보』 읽기 · 강용수

046 사르트르의
『문학이란 무엇인가』 읽기 · 변광배

047 『대학』 읽기 · 정해왕

048 『중용』 읽기 · 정해왕

049 하이데거의
「신은 죽었다」는 니체의 말 읽기 · 박찬국

050 스피노자의 『신학정치론』 읽기 · 최형익

051 폴 리쾨르의 『해석의 갈등』 읽기 · 양명수

052 『삼국사기』 읽기 · 이강래

053 『주역』 읽기 · 임형석

054 키르케고르의
『이것이냐 저것이냐』 읽기 · 이명곤

055 레비나스의 『존재와 다르게―본질의 저편』
읽기 · 김연숙

056 헤겔의 『정신현상학』 읽기 · 정미라

057 피터 싱어의 『실천윤리학』 읽기 · 김성동

058 칼뱅의 『기독교 강요』 읽기 · 박찬호

059 박경리의 『토지』 읽기 · 최유찬

060 미셸 푸코의 『광기의 역사』 읽기 · 허 경

061 보드리야르의 『소비의 사회』 읽기 · 배영달

062 셰익스피어의 『햄릿』 읽기 · 백승진

063 앨빈 토플러의 『제3의 물결』 읽기 · 조희원

064 질 들뢰즈의 『감각의 논리』 읽기 · 최영송

065 데리다의 『마르크스의 유령들』 읽기 · 김보현

066 테야르 드 샤르댕의 『인간현상』 읽기 · 김성동

067 스피노자의 『윤리학』 읽기 · 서정욱

068 마르크스의 『자본론』 읽기 · 최형익

069 가르시아 마르께스의
『백년의 고독』 읽기 · 조구호

070 프로이트의
『정신분석 입문 강의』 읽기 · 배학수

071 프로이트의 『꿈의 해석』 읽기 · 이경희

072 토머스 쿤의 『과학혁명의 구조』 읽기 · 곽영직

073 토마스 만의 『마법의 산』 읽기 · 윤순식

074 진수의 『삼국지』 나관중의 『삼국연의』
읽기 · 정지호

075 에리히 프롬의 『건전한 사회』 읽기 · 최흥순

076 아리스토텔레스의 『정치학』 읽기 · 주광순

077 이순신의 『난중일기』 읽기 · 김경수

078 질 들뢰즈의 『마조히즘』 읽기 · 조현수

079 『열국지』 읽기 · 최용철

080 소쉬르의 『일반언어학 강의』 읽기 · 김성도

081 『순자』 읽기 · 김철운

082 미셸 푸코의 『임상의학의 탄생』 읽기 · 허 경

083 세르반테스의 『돈키호테』 읽기 · 박 철

084 미셸 푸코의 『감시와 처벌』 읽기 · 심재원

085 포이어바흐의 『기독교의 본질』 읽기 · 양대종

086 칼 세이건의 『코스모스』 읽기 · 곽영직

087 『삼국유사』 읽기 · 최광식

088 호르크하이머와 아도르노의
『계몽의 변증법』 읽기 · 문병호

089 스티븐 호킹의 『시간의 역사』 읽기 · 곽영직

090 에리히 프롬의
『자유로부터의 도피』 읽기 · 임채광

091 마르크스의 『경제학-철학 초고』 읽기 · 김 현

092 한나 아렌트의
『예루살렘의 아이히만』 읽기 · 윤은주

093 미셸 푸코의 『말과 사물』 읽기 · 심재원

094 하버마스의
『의사소통 행위 이론』 읽기 · 하상복

095 기든스의 『제3의 길』 읽기 · 정태석

096 주디스 버틀러의 『젠더 허물기』 읽기 · 조현준

097 후설의 『데카르트적 성찰』 읽기 · 박인철

098 들뢰즈와 가타리의 『천 개의 고원』,
「서론: 리좀」 읽기 · 조광제

099 레비스트로스의 『슬픈 열대』 읽기 · 김성도

100 에리히 프롬의 『사랑의 기술』 읽기 · 박찬국

101 괴테의 『파우스트』 읽기 · 안삼환

102 『도덕경』 읽기 · 김진근

103 하이젠베르크의 『부분과 전체』 읽기 · 곽영직

104 『홍루몽』 읽기 · 최용철

105 키르케고르의
『죽음에 이르는 병』 읽기 · 박찬국

106 미르치아 엘리아데의 『성과 속』 읽기 · 신호재

107 하이데거의
『칸트와 형이상학의 문제』 읽기 · 설 민

108 칼 슈미트의 『대지의 노모스: 유럽 공법의 국
제법』 읽기 · 최형익

109 니체의 『안티크리스트』 읽기 · 신호재

· 세창명저산책은 계속 이어집니다.